edition unseld 19

Plötzlich diese Übersicht. Milliarden von Seiten, in Sekundenbruchteilen durchsucht, als Trefferliste sauber angezeigt, mit der größten Selbstverständlichkeit sortiert nach Rang und Namen. Google bestimmt die Routinen des Alltags und ist dennoch nicht die Suchmaschine schlechthin. Auch außerhalb des World Wide Web gibt es zahllose, technisch hochgerüstete Prozeduren des Suchens.

Die gegenwärtige Selbstverständlichkeit der einen Suchmaschine läßt leicht übersehen, daß Suchmaschinen einen Interessenkonflikt induzieren zwischen jenen, die sie einsetzen wollen, und jenen, auf die sie angesetzt werden. Ihr prekärer Status im Spannungsfeld zwischen Übersicht und Überwachung wird verdrängt.

Anhand von vier Fallstudien zeigt David Gugerli die Entwicklung der Suchmaschine auf, von den frühen Fernseh-Ratespielen, von Robert Lembkes Unterhaltungsshow »Was bin ich?«, über Eduard Zimmermanns Fahndungssendung »Aktenzeichen XY« und Horst Herolds »Kybernetik der Polizei« bis zu der von Ted Codd ausgehenden Entwicklung der relationalen Datenbank. Während Lembke auf die Feststellung von Normalität ausgerichtet war, suchte Zimmermann die Devianz, Herold die Muster und Codd die allgemeingültige Such- und Abfragesprache für in Form gebrachte Wissensbestände, die man seit Mitte der sechziger Jahre Datenbanken nennt.

David Gugerli, geboren 1961, ist Professor für Technikgeschichte an der ETH in Zürich. Er war Gastwissenschaftler in Paris, an der Stanford University, am Colegio de México, Fellow am Wissenschaftskolleg zu Berlin sowie Professor an der Universidad Nacional Autónoma de México. Gugerli ist Mitglied des Zentrums »Geschichte des Wissens«, das von der ETH und der Universität Zürich getragen wird.

Suchmaschinen
Die Welt als Datenbank

David Gugerli

Suhrkamp

Die *edition unseld* wird unterstützt durch eine Partnerschaft
mit dem Nachrichtenportal *Spiegel Online*. www.spiegel.de

edition unseld 19
Erste Auflage 2009
© Suhrkamp Verlag Frankfurt am Main 2009
Originalausgabe
Alle Rechte vorbehalten, insbesondere das der Übersetzung,
des öffentlichen Vortrags sowie der Übertragung
durch Rundfunk und Fernsehen, auch einzelner Teile.
Kein Teil des Werkes darf in irgendeiner Form
(durch Photographie, Mikrofilm oder andere Verfahren)
ohne schriftliche Genehmigung des Verlages reproduziert
oder unter Verwendung elektronischer Systeme
verarbeitet, vervielfältigt oder verbreitet werden.
Druck: Druckhaus Nomos, Sinzheim
Umschlaggestaltung: Nina Vöge und Alexander Stublić
Printed in Germany
ISBN 978-3-518-26019-7

1 2 3 4 5 6 – 14 13 12 11 10 09

Suchmaschinen

Inhalt

Einleitung

Plötzlich diese Übersicht. Milliarden von Internetseiten, in Sekundenbruchteilen durchsucht, als Trefferliste angezeigt, mit der größten Selbstverständlichkeit sortiert nach Rang und Namen. Die Suchmaschine Google bestimmt die Routinen des Alltags, ist fest in die Browser aller Rechner eingebaut und läßt sich kaum mehr aus dem Bewußtsein der Gegenwart wegdenken. Vorläufer und einstige Konkurrenten wie Gopher, Altavista, Hotbot, Excite, Yahoo, MSN und Lycos sind in Vergessenheit geraten oder stehen mit dem Rücken zur Wand, und die alte delphische Maxime »Erkenne dich selbst« muß mit »google yourself« übersetzt werden. Wir gehen mit gutem Grund davon aus, daß Google Search, Google Desktop und Google Earth alles absuchen können, was sich im World Wide Web und auf den Festplatten dieser Welt indexieren läßt. Das wachsende Angebot von Spezialprodukten wie Google Images, Books, Patents, Scholar, Health, Finance, Alerts und Trends zeigt an, wohin die Reise nach Ansicht der Strategen am Amphitheater Parkway im kalifornischen Mountain View gehen wird. Die Präsenz und die Bedeutung der Suchmaschine dürften weiterhin zunehmen.

Dennoch ist Google nicht die Suchmaschine schlechthin. Zum einen stoßen wir auch außerhalb des World Wide Web auf zahllose, technisch hochgerüstete Prozeduren des Suchens. Raketenbasen, Sturmtiefs oder Erdbebenzonen werden nicht vom Internet, sondern mit Satelliten, Sensoren und Simulationen geortet, Superstars, Spitzenpolitiker und Skandale von Fernsehstationen eingekreist. Manager und Wertpapiere, Antiquitäten und Ersatzteile lassen sich gerade dann am wirkungsvollsten aufspüren, wenn man über firmeneigene Datenbanken verfügt, in denen nicht die ganze Welt suchen darf. Zum andern sind die Apparaturen, mit denen wir heute suchen, nicht aus heiterem Himmel gefallen, sondern haben eine längere Geschichte. Bereits in den sechziger Jahren des 20. Jahrhunderts hat man weltweit damit begonnen, mit Flugzeugen, Kameras, Rechnern, Kommunikationsnetzen, Meßstationen, Sonden, Algorithmen und Bildschirmen so unterschiedliche Dinge wie U-Boote im Atlantik, Föten im Fruchtwasser, Kampfjets in der Luft, Vietcong-Truppen im Dschungel, Ersatzteile im Lagerhaus und schließlich auch noch die Grenzen des Wachstums in der nahen Zukunft aufzuspüren.[1] Die gegenwärtige Selbstverständlichkeit der einen Suchmaschine läßt uns schließlich auch das Konfliktpotential von Suchmaschinen vergessen. Gewiß, die *faux pas* der Suchmaschinenbetreiber im Bereich geheimdienstlicher Hilfeleistungen mögen von Zeit zu Zeit die Feuilletons und Foren beschäftigen. Daß Suchmaschinen aber immer in Auseinandersetzungen verwickelt sind zwischen jenen, die sie einsetzen, und jenen, auf die sie angesetzt werden, wird übersehen, ihr prekärer Status im Spannungsfeld zwischen Übersicht und Überwachung wird verdrängt.

Das alles weist darauf hin, daß die Beschreibung des gegenwärtigen Erfolgs einer einzelnen Suchmaschine keine gute Quelle ist für das Verständnis von Suchmaschinen im allgemeinen. Die Einsicht in ihren politischen, kulturellen und epistemischen Voraussetzungsreichtum wird durch den Fokus auf ihren großen gegenwärtigen Erfolg versperrt, die gesellschaftlichen Konsequenzen von Suchmaschinen werden unterschätzt. Die gegenwärtige Selbstverständlichkeit hochtechnisierter, rechner- und netzwerkgestützter Suchmaschinen läßt uns auch übersehen, in welchem Ausmaß Suchmaschinen schon immer an gesellschaftliche Voraussetzungen gebunden waren und vielleicht auch eine ziemlich politische Geschichte haben. Diese Geschichte handelt sowohl von Auseinandersetzungen, aus denen Suchmaschinen hervorgingen, als auch von Debatten, die von Suchmaschinen provoziert wurden. Denn mit Suchmaschinen ließen sich Hoffnungen auf Fundamentaldemokratisierung, informationelle Emanzipation und vollständige Übersicht ebenso verbinden wie die Horrorvisionen eines Orwellschen Überwachungsstaats, der über ein technokratisches Wissensmonopol verfügt. Der vorliegende Essay ist in der Absicht geschrieben, diesen Zusammenhang zwischen gesellschaftlicher und technischer Entwicklung herauszuarbeiten und dafür einen historischen Reflexionsraum zu nutzen. Das macht einen in der Gegenwart nicht unbedingt urteilssicherer, aber wenigstens wird man, um mit Lutz Wingert zu sprechen, irritationsfester und irrtumssensibler, wenn es um die Beurteilung der Voraussetzungen und des Folgenreichtums von Suchmaschinen geht.

Als voraussetzungsreiche und folgenschwere Einrichtungen sind Suchmaschinen dort besonders gut erkennbar, wo sie Antwort geben auf eine akute gesellschaftliche Problemlage, wo sie gerade entstehen, wo sie zum Stein des Anstoßes werden oder wo sie bisherige Routinen in Frage stellen. Wenn Horst Herold, der damalige Präsident des deutschen Bundeskriminalamtes in Wiesbaden, 1974 von der Automatisierung der Datenverarbeitung eine grundlegende Veränderung polizeilicher Arbeit erwartete, »so als ob ein Körper [...] ein vollständig neues Nervensystem mit vervielfachter Sensibilität und Reaktionsfähigkeit eingepflanzt erhielte«,[2] dann kommentierte er nichts anderes als die folgenschwere Auflösung bisheriger Selbstverständlichkeiten. Überall dort, wo die Erfassung, Erhebung und Verarbeitung von Informationen und Daten Voraussetzung für Entscheidungen und Handlungen waren – und wo wäre das nicht der

Fall gewesen? –, waren große Umstellungen zu erwarten. Suchprozeduren hatten neuen Programmen zu folgen, einen höheren Grad an Sensibilität aufzuweisen und konnten mit ungeahnter Geschwindigkeit ablaufen, wobei sich zusätzliche Möglichkeiten der Rekombination und der Simulation ergaben. Sie erweiterten die Handlungsmöglichkeiten und veränderten Zuständigkeiten. Die Folgen waren also kaum abzuschätzen. Gerade deshalb mußte man sie so ausführlich kommentieren: nicht nur bei der Polizei, sondern auch bei den Banken, in industriellen Betrieben, in staatlichen Bürokratien oder an der Hochschule.[3]

Die Rede von der Suchmaschine, die einem lebendigen Organismus als neues Nervensystem eingepflanzt wird, verdeutlicht die Tragweite der Entwicklung. Soziologische Sinnstifter, euphorisierte Propheten und kritische Diagnostiker haben dafür unterschiedliche Begriffe geliefert. Sie reichen von der »postindustriellen Gesellschaft« Daniel Bells über das »Zeitalter der Diskontinuität« Peter F. Druckers bis zur »Postmoderne« Jean-François Lyotards, vom »Spätkapitalismus« mit seiner Neuen Unübersichtlichkeit bei Jürgen Habermas und Frederic Jameson bis zur »Kontrollgesellschaft« von Gilles Deleuze oder der »Wissensgesellschaft« von Nico Stehr.[4] Alle diese Studien verstanden die Unübersichtlichkeit der Gegenwart und der erwarteten Zukunft im Gegensatz zur vergleichsweise transparenten Vergangenheit der industriellen Moderne. Fordistische Massenproduktion, tayloristische Systematik, bürokratische Hierarchie, aber auch Planbarkeit, Fortschritt und Rationalität bildeten den wohlgeordneten, aber verlorengegangenen Kontrast zu den »Bedingungen der Postmoderne«, die Richard Sennetts »flexiblen Menschen« hervorbrachte.[5]

Solche Analysen glaubten in den späten sechziger und den siebziger Jahren des 20. Jahrhunderts einen Verlust an Stabilität der Erwartung und damit die zunehmende Auflösung von Strukturen beobachten zu können, die der Moderne zugerechnet worden sind. Jürgen Habermas sprach von einer »forsch akzeptierten Ratlosigkeit«, die »mehr und mehr an die Stelle von zukunftsgerichteten Orientierungsversuchen« trete.[6] Bruno Latour hat dagegen in »We have never been modern« zum Ärger all jener polemisiert, die aus Programm und Wirklichkeit der Moderne umstandslos eine programmierte Wirklichkeit gemacht hatten.[7] Gewiß, sie mögen sich dabei zu sehr auf programmatische Ansprüche der Moderne bezogen haben. Doch so unübersichtlich die Moderne auch gewesen sein mag, so deutlich dürfte es in den späten sechziger Jahren geworden sein, daß der Wechsel von Systematik, hierarchischer Ordnung und serieller Produktion hin zu Mehrdeutigkeit, Flexibilität, Patchwork und Bricolage nicht nur ein Wechsel in der *Beschreibung* der Wirklichkeit war, sondern auch zu Veränderungen im *Programm* der Gegenwart führte. »Flexibilisierung« und »Rekombination« wurden zu den Signaturen dessen, was als operativer Modus eines neuen Zeitalters in unzähligen Schriften beschworen und verachtet, kritisiert und versprochen worden ist. »Die Lage mag objektiv unübersichtlich sein. Unübersichtlichkeit ist indessen auch eine Funktion der Handlungsbereitschaft, die sich eine Gesellschaft zutraut«, gab Habermas zu bedenken.[8] Das Vertrauen der westlichen Kultur in sich selbst mußte neu begründet und neu programmiert werden.

Die ganz großen Thesen der damaligen Gegenwartssoziologie sollen hier nicht theoretisch verfeinert, sondern historisch konkretisiert werden. Die kultur- und technikhistorische Erdung der Frage nach der Programmierung der sogenannten »Postmoderne« erfolgt erstens unter der Annahme, westliche Industriegesellschaften hätten sich im letzten Drittel des 20. Jahrhunderts einem neuen Programm der Flexibilisierung von Erwartungen und der situativen Rekombination von Ressourcen verschrieben. Dabei hätten sie gelernt, gesellschaftlichen Wandel als Normalzustand zu deuten. Zweitens findet die nachfolgende Konkretisierung unter der Annahme statt, Rechner und Massenmedien seien die wichtigsten Instrumente gewesen, mit denen dieser Umbau bewerkstelligt worden ist.

Eine Gesellschaft, die im Modus der situativen Rekombination operiert, versucht folgenschwere Entscheidungen länger offenzuhalten und sich dem strengen Rhythmus des Fließbandes, wie ihn Chaplins Film »Modern Times« schon 1936 karikiert hat, zu entziehen. Seit den sechziger Jahren hat sich eine solche Gesellschaft herausgebildet. Kundinnen und Güter, Verbrechen und Täter, Kandidaten und Rollen, Arbeitskräfte und Jobs, Wohnungen und Mieter oder Investoren und Kreditnehmer sollten jederzeit und in schnell wechselnden Konstellationen miteinander verbunden werden können. Ressourcen sollten immer erst dann gebunden werden, wenn man darauf vertrauen konnte, daß sie tatsächlich auch gebraucht wurden. Ihre Kombination mußte unter ständig veränderten Voraussetzungen neu gefunden, erfaßt und verschoben werden können.

Das Versprechen war einfach: Wenn die Selektion der kombinierbaren Elemente *ad hoc* erfolgte, würde die Gefahr von Fehlinvestitionen (zum Beispiel in Ausrüstungsgüter, Lagerbestände und Ausbildungen) sowie die Gefahr von dysfunktionalen Verbindungen (etwa in Form von kostspieligen Kooperationen und Allianzen) reduziert. Das *Just-in-time*-Prinzip und das, was Boltanski und Chiapello den Projektkapitalismus genannt haben, sollte zu einer größeren Flexibilität für Produzenten und Konsumenten führen.[9] Dies erhöhte aber auch die Anforderungen an jene Instrumente, welche die jeweils verfügbaren oder gewünschten Kombinationen von Gegenständen, Personen und Prozessen finden konnten und die Übersicht über die Handlungsoptionen oder Szenarien jederzeit gewährten.

Bei allen Suchmaschinen, ungeachtet ihrer verschiedenen Aufgaben, lassen sich einige grundlegende Gemeinsamkeiten aufzählen. Erstens setzen Suchmaschinen voraus, daß die Ziele ihrer Operationen objektivierbar sind, sich also vergegenständlichen lassen. Die Suchprozedur muß davon ausgehen, daß das Gesuchte einem Gegenstand ähnlich sieht und sich als Variable, Index, numerischer Wert oder quantitative Relation darstellen läßt. Das gilt auch für die Suche nach einer Person. Ihre Objektivierung erfolgt über die Konstruktion einer Figur. Der Flüchtige, die Spezialistin, der Terrorist, der Superstar, die Perverse, der Steuerhinterzieher, der Profi, die Tochter oder der Kunde müssen mit einer überschaubaren Zahl von Parametern versehen und auf diese Weise objektiviert werden. Zweitens findet die Suche stets in einem konkreten Raum von Adressen statt. Suchmaschinen können nur eingesetzt werden, wenn der gesuchte Gegenstand, sei es eine Lösung, ein numerischer Wert, eine Figur, eine Information oder ein Angebot, mit einer Adresse verbunden werden kann, also auf systematische Weise etikettiert ist. Das Gesuchte muß beschriftet sein, um erreichbar und verfügbar zu werden. Drittens folgen Suchmaschinen einem Programm, von dem sie nicht abweichen können. Gleichwohl ist es die grundsätzliche Ergebnisoffenheit, die das Programm der Suchmaschinen vom Ritual unterscheidet. Beide, Programm und Ergebnisoffenheit, liefern der Suchmaschine eine Legitimation durch Verfahren. Selektive Entscheidungen der Teilschritte produzieren Fakten, die als Entscheidungsprämissen an den nächsten Verfahrensschritt weitergegeben werden und für das gesamte Verfahren eine gemeinsame Situation strukturieren.[10] Viertens schließlich zeichnen sich Suchmaschinen durch eine bemerkenswerte Nähe zum Spiel und zur Simulation aus, man denke etwa an die spieltheoretisch wohlinformierten Simulationen des Kalten Kriegs oder die vom *Club of Rome* in Auftrag gegebene Berechnung der zukünftigen Gleichgewichte zwischen Bevölkerungswachstum und Rohstofflagern, die man als rechnergestützte Suche nach dem Zeitpunkt des Weltuntergangs deuten kann.[11]

Alle Suchmaschinen müssen diese vier basalen Leistungen erbringen, müssen also eine Lösung bieten für das Problem der Objektivierung, der Adressierbarkeit, der Programmierbarkeit und der Simulation. Im Einzelhandel beispielsweise suchen – jedenfalls seit dem Siegeszug der Selbstbedienung – nicht nur Käufer und Käuferinnen Produkte im Ladenregal. Auch in den Hochregallagern der Logistikzentren von Einzelhandelsketten werden Produkte gelagert, gesucht und dank Strichcodes gefunden. Das European Article Number (EAN) System stellt einen Adreßraum zur Verfügung, in dem sich anhand fest programmierter Routinen überprüfen läßt, ob das Glas Zwetschgenmarmelade aus dem Regal und die Palette Pflaumenkonfitüre im Logistikzentrum miteinander in Verbindung zu bringen sind.[12] Suchmaschinen, die im Vietnamkrieg der militärischen Aufklärung dienten, erfaßten feindliche Truppenbewegungen als Emissionen, etwa Motorengeräusche, Körperwärme und Uringeruch und lokalisierten diese auf den Bildschirmen des »Infiltration Surveillance Center«, einer Kommandozentrale der US Air Force. Die so gewonnenen Koordinaten von Truppenkonzentrationen ermöglichten es, aus der Vielzahl möglicher Einsätze jene auszuwählen, die als »optimale« Variante für den nächsten Fliegereinsatz gelten konnten.[13]

Angesichts der Fülle von Suchmaschinen, die seit den sechziger Jahren des 20. Jahrhunderts mit vielen verschiedenen Technologien aufgebaut und auf unzählige Objekte angesetzt worden sind, stellt sich die Frage nach einer produktiven Auswahl von Beispielen, die eine möglichst dichte Konstellation von Differenzen und Analogien ergeben. Gleichzeitig sollten sie in hinreichender historischer Distanz zur gegenwärtig dominanten Suchmaschine stehen und somit einen deutlichen Verfremdungseffekt erzeugen. Die Wahl fiel auf vier Beispiele, von denen sich zwei im massenmedialen Raum des Fernsehens entfalteten, während sich die beiden andern auf den frühen Einsatz von Rechnern in der öffentlichen Verwaltung und in Unternehmen stützten. Konkret geht es im Folgenden um die von Robert Lembke moderierte Unterhaltungsshow »Was bin ich?«, um die Sendung »Aktenzeichen XY«, in der Eduard Zimmermann per Fernsehen nach Verbrechern fahndete, um das Konzept einer »Kybernetik der Polizei«, das Horst Herold als Präsident des Bundeskriminalamtes umsetzte, sowie um die vom IBM-Datenbanktheoretiker Edgar F. Codd ausgehende Entwicklung der relationalen Datenbank. Jede der vier Suchmaschinen löste ein anderes Problem. Während Lembke auf die Feststellung von Normalität ausgerichtet war, suchte Zimmermann die Devianz, Herold die Muster und Codd die allgemeingültige Such- und Abfragesprache für in Form gebrachte Wissensbestände, die man seit Mitte der sechziger Jahre Datenbanken nennt. Zwischen diesen Suchmaschinen gibt es aber auch auffällige Analogien. Bei Lembke und Zimmermann ging es um Suchmaschinen, die im Unterhaltungsprogramm des Fernsehens installiert wurden und Einzelfälle vor den Augen eines Massenpublikums behandelten. Bei Herold und Codd dagegen treffen wir auf rechnergestützte Suchmaschinen, die es einem einzelnen Nutzer erlaubten, mit großen Datenmengen umzugehen. Wenn man Suchmaschinen als Antworten auf das Problem des gesellschaftlichen Wandels und der von ihm verursachten Unübersichtlichkeit deutet, liegen die Analogien und Differenzen wieder anders: Während die Suchmaschinen von Lembke und Codd Übersicht herstellten, indem sie sich auf den Normalfall konzentrierten, produzierten die Suchmaschinen von Zimmermann und Herold Instrumente der Überwachung, die sich mit Ausnahmefällen beschäftigten. Alle Fallbeispiele weisen einen Bezug zur bundesrepublikanischen Gesellschaft auf, die in den späten sechziger und den siebziger Jahren mit brüchig gewordenen Selbstbeschreibungen, politischer Unübersichtlichkeit, ökonomischer Flexibilisierung und soziokulturellen Verwerfungen umzugehen hatte und in dieser Zeit eine Kombination von Suchverfahren entwickelte, mit denen sie die Folgen individueller Verunsicherung und kollektiver Desorientierung abzufedern suchte.

Die Suche nach dem Normalen: Robert Lembke

Völlig unbeirrt von jeder postmodernen Infragestellung etablierter Werte, demonstrativ unbeirrt auch von existentiellen Nöten seiner Gäste und Zuschauer, lief Robert Lembkes heiteres Beruferaten »Was bin ich?« über die Kanäle der ARD. An das beruhigende Ostinato der Sendung hatte man sich seit 1961 gewöhnen können und es bis zum Tod des Moderators und dem Fall der Mauer 1989 konsumiert. Mit »Was bin ich?« lieferte Lembke der bundesrepublikanischen Fernsehöffentlichkeit ein Spiel, das schlicht und einfach darin bestand, die Berufsbezeichnung einer bestimmten, in der Sendung anwesenden Person aufzudecken.

Zu Beginn ihres Auftritts mußten die Gäste vier rudimentäre Merkmale ihrer Person bekanntgeben. Sie setzten ihre Unterschrift auf eine Tafel, kreuzten entweder »angestellt« oder »selbständig« an, machten eine berufstypische Handbewegung und wählten dann die Farbe eines Sparschweins. Während dieses Auftritts wurde der Beruf des Gastes exklusiv für das Publikum eingeblendet.[1] Mehr Input war nicht nötig, um das Spiel laufen zu lassen und das Rateteam – es bestand aus vier dem Publikum wohlvertrauten Personen – zu aktivieren. Bei jeder Frage, die mit Nein beantwortet wurde, warf der Spielleiter fünf Mark in das Sparschwein des Gastes. Ließ sich die Frage bejahen, durfte das Verhör fortgeführt werden.

Während knapp drei Jahrzehnten war die Spielstruktur nicht verändert worden. Die ARD hielt sich im wesentlichen an das Schema, welches die für CBS produzierte Gameshow »What's my line?« seit 1950 vorgegeben hatte, allerdings unter sorgfältiger Adaption an die Gemütlichkeit des Bayerischen Rundfunks. Während das amerikanische Vorbild auf Dynamik, Geschwindigkeit und Risiko in der Dramaturgie setzte, ständig die Political Correctness zu verletzen drohte, wechselnden Sponsoren zur Verfügung stand, das Rateteam gerne auch mit Komikern wie Groucho Marx oder Jerry Lewis besetzte und einen quirligen Moderator zur Verwirrung aller Anwesenden beschäftigte, sollten Turbulenzen in »Was bin ich?« tunlichst vermieden werden.[2] Der Erfolg blieb in Deutschland ebensowenig aus wie in Amerika – Lembkes Publikum zählte nach Millionen. 1969 gehörte »Was bin ich?« mit 75 Prozent aller zugeschalteten Geräte zur erfolgreichsten Sendung überhaupt. Nach der Tagesschau war sie damit »die älteste und beliebteste Sendung des deutschen Fernsehens«.[3] Insgesamt wurden 337 Folgen mit den gleichen Handlungselementen, denselben Moderationsfloskeln und Schnittfolgen produziert. Nichts durfte verändert werden. Bereits die Erwägung, den Gongschlag demnächst vielleicht ersetzen zu wollen und die Berufe der Gäste zusammen mit einem elektronischen Signalton einzublenden, führte zu aufgeregten Pressekommentaren.[4]

Man braucht kein Fan von asiatischen Kampfsportarten oder amerikanischen Politthrillern zu sein, um sich über den gewaltigen Erfolg dieser eher einfach gestrickten Sendung zu wundern. Der Grund für die auffällige Popularität von »Was bin ich?« ist weder im Spektakulären noch im Skandalösen zu suchen. Vielmehr befriedigte die Sendung eine Nachfrage nach Erwartungssicherheit. Lembkes Publikum hatte offensichtlich ein Bedürfnis nach der Versicherung darüber, daß sich Personen und Berufe zuverlässig miteinander verbinden ließen. Dank ihrer dramaturgischen Architektur und einem sorgfältig zusammengestellten Team von Ratespezialisten konnte die Sendung ein Verfahren anbieten, das diese Verbindung immer wieder exemplarisch herstellte und stabilisierte. Am Schluß jeder Spielsequenz stand eine klare Zuweisung, sei es aufgrund der geschickten Fragen des Rateteams oder aufgrund der Auflösung des Rätsels durch den Spielleiter. Die Gewißheit, daß sich die Zuschreibung zwischen Person und Beruf nach Ablauf eines einfachen Programms überprüfen ließ, die Sicherheit, daß dies theoretisch für jeden beliebigen Gast und damit auch für das Kollektiv der Gäste als Stellvertreter des Publikums geleistet werden konnte, war faszinierend und beruhigend zugleich. Während der Ausgang der Ratesequenz prinzipiell offen war, wie es sich für ein Spiel gehört, schloß die ganze Sendung jeden Zweifel über die Zuweisungsmöglichkeit zwischen Person und Beruf aus.

Für die Nachfrage nach einem Programm, das Erwartungssicherheit erzeugte, gab es gute zeithistorische Gründe. Es zählt zu den gewaltigen Integrationsleistungen der jungen Bundesrepublik, nach dem Zweiten Weltkrieg Identifikationsmerkmale gleich in millionenfacher Auflage unter hohem Zeitdruck angepaßt, ersetzt oder repariert zu haben. Binnen weniger Jahre verwandelten sich überzeugte Mitglieder der NSDAP in demokratische Stimmbürger, aus alleinerziehenden Trümmerfrauen wurden konsumierende Hausfrauen, aus Frontsoldaten wurden Väter, Ehemänner und Berufsleute, aus Flüchtlingen gut integrierte Bewohner von Neubausiedlungen. In großer Eile warf man 1945 alte Uniformen der Wehrmacht weg und zog bald darauf die neuen der Bundeswehr an. Juristisches Personal mußte auf neue Gesetzesbücher verpflichtet werden, Ärzte und Industrielle durften ihr einstiges Engagement für das »Dritte Reich« über Nacht vergessen und es auf eine verbraucherdemokratische Gesellschaft ausrichten.[5] Die massenhafte Entsorgung unbrauchbarer Adressen ging einher mit der massenhaften Beschaffung neuer Selbstbilder, Mitgliedschaften, Anschriften und Ausweise. Das war ein Prozeß, der sowohl vom Gebot des kommunikativen

Beschweigens der Vergangenheit als auch der breiten Partizipationsmöglichkeit an Wachstumsgewinnen unterstützt wurde.[6] Nicht zuletzt war dieser Prozeß aber auch auf die erfolgreiche Demonstration einer hinreichenden Stabilität und Verläßlichkeit der neuen Adressen und Anschriften angewiesen. Lembkes Sendung demonstrierte einem Millionenpublikum auf spielerische Weise, daß der »Beruf«, so wie er in den Personalpapieren stand, als stabiles Merkmal einer Personenbeschreibung dienen konnte, weil er sich aufgrund weniger Parameter und einer knappen Befragung eruieren ließ und weil es dem bürgerlichen Wertekanon entsprach, der »gute Mensch« gehe nicht nur einer Arbeit nach, sondern erkenne in seinem Beruf auch eine Berufung.

Vom sozioökonomischen Strukturwandel seiner Zeit ließ sich Lembke nicht beeindrucken. Weder bewog er ihn, das Dekor seines Studios oder das Format seiner Sendung anzupassen, noch hätte er im Traum daran gedacht, den Stil seines Auftritts von der Kleidung über die Frisur bis zur Brille zu verändern. Dennoch bildeten die dramatischen Veränderungen in der Berufswelt der sechziger und siebziger Jahre des 20. Jahrhunderts den entscheidenden historischen Kontext zur Sendung. Lembkes Sendung gab mit ihrem dezidiert konservativen Kurs und dem konsequenten Ausblenden der Kostenseite dieses Strukturwandels eine Antwort auf die Veränderungen des Arbeitsmarktes. Gern präsentierte Lembke »letzte Vertreter« der zahlreichen »vom Aussterben bedrohten Berufe« wie Handschlagziegler oder Kupferschmiedemeisterin. Der Arbeitslose hingegen hatte keine Chance, in der Sendung aufzutreten, und der Computeroperateur erhielt 1964 als Vertreter eines neuen Berufs eine semantische Traditionspatina verpaßt und wurde als »Futtermeister für Elektronenrechner« vorgestellt. »Was bin ich?« erzeugte auf diese Weise jene Stabilität, die in der Arbeitswelt und in den

Biographien fehlte, und absorbierte damit die im gesellschaftlichen Wandel entstandene Unübersichtlichkeit.

Was immer auf dem Arbeitsmarkt oder in der Berufswelt sich veränderte – die Sendung gab stets vor, Personen dadurch identifizieren zu können, daß sie den fehlenden Eintrag im imaginären Formularfeld »Beruf« eruierte. Pikanterweise tat sie dies ausgerechnet in einer Zeit, in der Unternehmer im Verein mit Ökonomen, Betriebswirten und Bundesämtern die Praxis der Umschulung und der Weiterbildung als Voraussetzung für die Flexibilisierung von Humankapital zu deuten begannen und sich dabei langsam, aber sicher vom Beruf als stabilem, lebenslänglich gültigem Asset und Merkmal einer erwerbstätigen Person verabschiedeten.[7] Manche sprachen in diesem Zusammenhang sogar von einem großen Berufssterben, stellten Überlegungen an, wie mit Widerständen beim Berufswechsel und bei der Umschulung umzugehen sei und ob »Fernunterricht«, ein »Computer-gestützter Unterricht« oder ein Weiterbildungsinformationssystem dabei von Nutzen sein könnten.[8]

1961, just in dem Jahr, als das heitere Beruferaten zum ersten Mal ausgestrahlt wurde, hatte das Bundesamt für Statistik in Wiesbaden noch einen umfassenden Katalog der offiziell gültigen Berufsbezeichnungen veröffentlichen können, wohl wissend, daß sich »Form, Inhalt und Bedeutung der Berufe und damit das Gefüge des Berufslebens [...] unter dem Einfluß der modernen Technik« häufiger und schneller veränderten als früher.[9] Im Unterschied zum Bundesamt konnte es Lembke jedoch nicht um die erschöpfende Deklaration einer Ordnung gehen, wie sie aus einem »systematischen und alphabetischen Verzeichnis der Berufsbenennungen« hervorgeht. Vielmehr war das heitere Beruferaten ganz pragmatisch auf Operationalisierbarkeit des Einzelfalls angelegt. Das Ratespiel verschob die unendlich komplexe Frage nach der individuellen Identität auf eine Frage, die für *exempla* knapp zu stellen und präzise zu beantworten war. Wenn schon aus verschiedenen Gründen unklar bleiben mußte, *wer* man war, sollte wenigstens klarwerden, *was* man war. Sendung für Sendung, Gast um Gast sollte die doppelte Gewißheit darüber erzeugt werden, daß sich jeder »normalen« Person eine berufliche Tätigkeit zuweisen ließ und daß sich dabei die Zeugen dieses Zuweisungsprozesses ihrer eigenen beruflichen Normalität versichern durften.

Um die Attraktivität des Ratespiels zu steigern, operierte Lembke in der Regel mit exotischen Berufen, die für das Rateteam nur mit Mühe bestimmt werden konnten. Dadurch verlängerte sich nicht nur die Suchprozedur. Auch die Zuschauerlust wurde auf diese Weise genährt, und der Spielleiter erhielt eine wichtigere Rolle. Der Kick des Ratespiels war die bedrohliche Möglichkeit eines Zuweisungsfehlers zwischen Person und Beruf, ihre Beruhigungsleistung die zweifelsfreie Auflösung des Rätsels. Mit bisweilen recht exotischen Beispielen – vom Bonsai-Kultiveur bis zum Modelleisenbahnlandschaftbauer – lotete die Suchmaschine »Was bin ich?« den Geltungsbereich der Variable »Beruf« im Datensatz der erwerbstätigen Bevölkerung aus. Der »normal range« läßt sich am besten von seinen Rändern her bestimmen. Was exakt der Norm entspricht, ist zu unauffällig, das Seltene und Kuriose zeigt an, was als normal und was als jenseits der Norm zu bezeichnen ist. Das ist der Unterschied zwischen Apothekerin, Flugkapitän, Fußpflegerin und Mauerfacharbeiter auf der einen Seite und Blitzableiterbauer, Hundefrisör, Skorpionmelker, Gewässerbelüfter und Kautabakroller auf der anderen Seite.[10]

Die Liste der in der Sendung mit ihren Berufen vorgestellten Personen zeichnet sich durch eine auffällige Ausgeglichenheit aus, was Geschlecht der Gäste und ihre Herkunft aus dem deutschsprachigen Senderaum angeht, wobei Frauen häufiger als Männer Sozialstaatsberufe vertraten. Ebenso wurden auffällig viele mit Handarbeit beziehungsweise Handwerk verbundene Berufe vorgestellt. Wo sie zu gewöhnlich erschienen, half die Redaktion mit leichten semantischen Verschiebungen oder mit Verfremdungseffekten nach, etwa beim Ferkelvermittler oder bei der Henne Bertha, die als Eierproduzentin auftrat. Ende 1970 und Anfang 1971, also nach dem Tumult von »1968« und vor dem Konjunktureinbruch von 1974, sendete »Was bin ich?« ein Signal, das auch die für Konservative gehemmte Prognostizierbarkeit der Weltlage reflektierte. Gleich in vier hintereinander ausgestrahlten Sendungen wurden Berufe präsentiert, die für den Umgang mit der Zukunft oder ihrer spekulativen Antizipation zu tun hatten. Dazu gehörten der Astrologe, die Anlageberaterin, der Kriminalobermeister im Glücksspieldezernat, die Wahrsagerin, der Spielbankdirektor, der Spieler, der Spiele-Kritiker, der Hochstapler, die Kupplerin und der Drahtzieher.[11]

In »Was bin ich?« sah das Publikum, wie »ganz normale Menschen« aufgrund einer »ganz normalen Bewegung« mit erstaunlicher Sicherheit einem bestimmten Beruf zugewiesen werden konnten und wie man auch »ganz normale Prominente« in kurzer Zeit sogar mit verbundenen Augen identifizieren konnte. Die Zuschauer waren also wohlinformierte Zeugen eines Verhörs, fieberten mit, zeigten sich erlöst, wenn der Beruf gefunden wurde, und durften sich über jene seltsamen Tätigkeiten wundern, die sich offenbar nur mehr am Rand des »normal range« befanden und deshalb »zu Recht« oder »verständlicherweise« auch nicht bestimmt werden konnten. Dabei stellte sich das Publikum in ein Verhältnis zur imaginierten Normalität, zur vorgestellten Besonderheit und zur beobachteten Identifikationsprozedur.

Die Frage, die Lembkes Suchmaschine zu beantworten hatte, war aber nicht nur die Frage nach der Zuordnung von Beruf und Person, sondern gleichzeitig jene nach den möglichen Berufen aller Personen. Sowohl die Hochkonjunktur der sechziger Jahre mit ihrem akuten Arbeitskräftemangel als auch der beschleunigte Strukturwandel der Arbeitswelt im Gefolge der Wachstumskrise der siebziger Jahre hatten die Tabelle dieser Zuordnung unendlich komplex werden lassen. Die Zeiten waren vorbei, in denen sich das Problem mit der Neuauflage einer knappen Broschüre aus dem Bundesamt für Statistik lösen ließ. Seit Ende der sechziger Jahre mußten die Behörden wesentlich aufwendigere Instrumente zur Herstellung von Übersicht bereitstellen und waren nicht nur auf eine statistische Systematik, sondern mehr denn je auf eine wissenschaftliche Arbeitsmarkt- und Berufsforschung angewiesen, die den dynamischen Verhältnissen gerecht werden konnte. So publizierte das Bundesministerium für Arbeit und Sozialordnung 1974 unter dem Titel *Wer macht was?* nicht etwa einen neuen Berufskatalog oder eine die Ergebnisse der Arbeitsmarktforschung bündelnde Studie über die soziale Herkunft, die Ausbildung und die Beschäftigungsform der Erwerbstätigen. Publiziert wurde ein über tausendseitiges Register von Experten der Arbeitsmarkt- und Berufsforschung. Das Verzeichnis illustriert anschaulich, wie schwierig es inzwischen selbst für Experten geworden war, außerhalb des Fernsehstudios die Übersicht zu behalten.[12] Um so faszinierender muß es für das Publikum der ARD gewesen sein, den unerschütterlichen Erfolg von Lembkes Suchmaschine in regelmäßigem Abstand zu beobachten. Selbst das Scheitern des Rateteams war ja kein Versagen der Sendung – das Publikum interessierte sich für das

Verfahren an sich, für die Einkreisung und Umzingelung des einzelnen Gastes und für die daraus folgende Bestimmung eines identifikatorischen Möglichkeitsraums.[13]

Die Faszination des Verfahrens mit seiner trotz Strukturwandel konstant gebliebenen Ordnungsleistung erklärt einen Teil des Erfolgsrezepts der Sendung, die »dramatis personae« den anderen. Da war Robert Lembke selber, der weit über seine Sendung hinaus ein Image der Konstanz sowie der unverwüstlichen Gleichförmigkeit genoß und die reibungslose Exekution des Programms garantierte.[14] Zum Personal der Sendung gehörten in erster Linie jene Gäste, die spezifische Berufe repräsentierten. Sie haben sich zu Tausenden in Lembkes Sendung gedrängt. Den persönlichen Normalitäts- und Abweichungstest wollten diese Massen freiwilliger Kandidaten offenbar nicht nur als Zuschauer vor der Mattscheibe oder im Publikum des Studios machen. Monatlich gingen gegen 6000 Zuschriften von Zuschauern und Zuschauerinnen ein, die in der Sendung auftreten wollten, um dort ihre berufliche Identität vor einem professionell inszenierten Quartett von Untersuchungsrichtern möglichst lange verborgen zu halten und damit die eigene bescheidene Außergewöhnlichkeit gegenüber dem »normal range« vor Millionen von Zuschauern zu dokumentieren.[15] So empfahl sich im Mai 1966 der Ingenieur Konrad Grass aus Innsbruck »auf Drängen meiner Bekannten und Freunde«. Als Kellereimeister verfüge er nicht nur über eine schwer identifizierbare Handbewegung, nämlich »das Halten eines Kostglases mit einer bestimmten Weinsorte gegen das Licht«, sondern sehe auch »gar nicht wie ein Kellermeister« aus, zumindest nicht so, wie man sich ihn allgemein vorstelle. Er sollte damit recht behalten. Wie der Schäferwagenhersteller wurde er in der Sendung vom 25. Oktober 1966 vom Rateteam nicht erkannt. Auch die

Drechslerin schaffte es trotz ihres einigermaßen normalen Berufs auf neun Negativantworten, bis sie dingfest gemacht werden konnte. Vermutlich hatte sie davon profitiert, als Frau einen »typischen Männerberuf« auszuüben. Für alle drei Kandidaten hatte die Sendung jedoch den wohltuenden Effekt, für die kurze Dauer ihres Auftritts von einer »unbekannten Größe« in eine temporäre Berühmtheit verwandelt zu werden.[16]

Ganz anders waren die Effekte, die die Sendung für die prominenten Gäste zeitigte. Für jenen Prominenten, der am Schluß der eben erwähnten Sendung auftrat und schon nach fünf Nein als Udo Jürgens entlarvt werden konnte – für jedes Nein erhielt er eine Flasche Sekt –, ging es nicht darum, möglichst lange unerkannt zu bleiben. Der Prominenztest war dann besonders gut bestanden, wenn sich die Prominenz leicht erkennen ließ. Generell galten dafür in der Sendung verschärfte Regeln. Das Rateteam mußte mit verbundenen Augen operieren, und die Gäste durften nicht für sich selber sprechen, sondern mußten ihre Antworten mit Nicken oder Kopfschütteln geben und durch das Medium Robert Lembke an das Rateteam senden. Selbstverständlich kannte man sie gut, oft bis zum Überdruß, aber bei Lembke ließ sich feststellen, wie sie sich zum Normalprofil des Prominenten verhielten. Bei den prominenten Gästen ging es auch nicht bloß darum, den Beruf zu erraten, sondern gleich auch noch den Namen festzuhalten. Das Risiko, nicht erkannt zu werden und damit offenbar nur über eine schwach ausgeprägte Prominenz zu verfügen, mußte der Gast selber tragen. Bei einem Besuch in Lembkes Sendung wurde also das Paradox der ganz normalen Prominenz getestet. Da es aber für die ARD und ihr Publikum eine beschränkte Zahl von Tätigkeitsgebieten gab, die zu Prominenz führten, und alle diese Felder vom Fernsehen verwaltet wurden, war die Suchprozedur im Ausschlußverfahren sehr effizient, das Risiko einer Blamage für den Gast und das Rateteam mithin entsprechend gering. Die Bereiche Film, Musik, Sport, Politik und das Fernsehen selber waren die wichtigsten Lieferanten von prominenten Gästen.

Die Suche konnte also mit einem von fünf möglichen Werten der Variable »Tätigkeitsfeld« beginnen und von dort über eine schnelle Sequenz der Einschränkung weitergeführt werden. Wer weder Politiker noch Schauspieler, sondern Musiker war, wer kein Instrument spielte, sondern mit seiner Stimme berühmt geworden war, wer nicht ernste, sondern unterhaltende Musik, ja Schlager der weichen Sorte produzierte und wer schließlich mit dieser Produktion gerade jetzt – man schrieb das Jahr 1968 – in Wettbewerben und in den Charts Furore machte, der stammte vermutlich aus Augsburg, hatte schwarze Haare und hieß Roy Black. Vom Auftritt bis zur Entlarvung des Gastes, der die Demaskierung des Rateteams auf den Fuß folgte, verstrichen nicht mehr als drei Minuten.

Der Hauptgrund für diese Effizienz des Rateteams lag in der Verfügbarkeit einer Prominenten-Figur namens »Roy Black«. Dieses Konstrukt wurde nicht in der Sendung selber geschaffen. Aber die Sendung bot einen Einblick in die Prozesse, die an der Objektivierung der Prominenten-Figur beteiligt gewesen waren. »Ja, das ist also eine ganz erstaunliche Karriere«, leitete Lembke das Gespräch mit seinem frisch »entlarvten« Gast ein. »Da ist also in der Nähe von Augsburg ein Bub auf die Welt gekommen, brav in die Schule gegangen, hat nie was Böses gedacht. Hatte er vor, etwas zu werden?« Gerd Höllerich, wie Roy Black mit bürgerlichem Namen hieß, nahm den Faden seiner ganz normalen Herkunft gerne auf. Er erzählte vom Abitur an der Oberschule, vom Anfang eines Studiums der Betriebswirtschaft, das viel kürzer und deshalb erschwinglicher war als das Biologiestudium, von dem er geträumt hatte. Daneben habe er sich etwas Geld verdient, »fünfzehn Mark den Abend, von acht bis zwölf«, mit Singen in einer Kneipe, in der ein Bekannter als Aushilfskellner tätig war, mit Auftritten in andern Kneipen, in denen bei Eintreffen der Gäste die Band sicherheitshalber abgestellt und die Musikbox in Betrieb genommen wurde. Ein mutiger Auftritt in der auf eigenes Risiko angemieteten Stadthalle führte zu einem Angebot, eine erste Platte aufzunehmen. Sie floppte jedoch ebenso wie eine zweite.

Aber der Held dieser Geschichte gab nicht auf, entschloß sich, einen dritten Versuch zu wagen, diesmal ohne seine rockigen »Cannons« – und erzielte mit der Schnulze »Du bist nicht allein« den großen Durchbruch. Lembke, der nicht nur Moderator und Medium, sondern bei Bedarf immer auch »meaning giver« sein konnte, faßte das alles für das Publikum wieder zusammen. Das Erfolgsrezept seines prominenten Gastes glaubte er darin zu sehen, »daß jemand nicht gegen seinen Strich singt«, also nicht (wie ursprünglich beabsichtigt) die Rolling Stones imitierte, sondern vielmehr »den Leuten etwas bringt, das sie heute ja weitgehend von außen beziehen, nämlich ihre Gefühle«. Denn der Schlager sei »so etwas wie ein Ersatz geworden, mit dessen Hilfe man Gefühle ausdrückt, die man nicht mehr artikulieren kann«. Gerd Höllerich alias Roy Black gestand freundlich, daß er »so noch nie darüber nachgedacht habe«. Sechs Minuten nach seiner geglückten »Entlarvung« als prominenter Schlagersänger verließ er das Studio Robert Lembkes, war mehr denn je Roy Black und konnte die Zufriedenheit seines Publikums darüber teilen, daß aus ganz normalen Buben ganz normale Prominente werden können.

Zufriedenheit zeichnete auch die Stimmung im Rateteam aus, keineswegs bloß in der Sendung mit Roy Black. Die Namensschilder verrieten zwar nur Vornamen und unterstrichen so das paternalistische Verhältnis zum Chef, der mit vollem Namen angeschrieben wurde. Die Minimaladresse des Vornamens – der volle bürgerliche Name existierte in der Sendung nicht – betonte aber auch den Teamcharakter der vier Suchexperten und ließ in Verbindung mit dem konsequent verwendeten »Sie« einen amerikanischen Stil anklingen. Das Rateteam arbeitete in einer kleinen, arbeitsteilig strukturierten Organisationsform mit flacher Hierarchie, die sich durch hohe Flexibilität, ausgeprägte Spezialisierung und *ad hoc* wechselnden Führungsrollen innerhalb der Gruppe auszeichnete. Im Team zu arbeiten hieß, notfalls mit den ergänzenden Leistungen der anderen rechnen zu können, war eine Rückversicherung, wie sie bereits Roy Blacks Refrain versprochen hatte: »Du bist nicht allein«. Annette von Aretin bestätigte dies in ihrer Autobiographie. »Was bin ich? ist eine Sendung, die mich ausnahmsweise wenig Nerven kostet. Man sitzt unter vertrauten Freunden und ist nicht allein der Kamera ausgeliefert.«[17] Zwar waren personelle Wechsel über die Jahre hinweg unvermeidbar, aber als Team bildete das Panel der Ratespezialisten eine funktionstüchtige Konstante. Zwei Frauen, zwei Männer, mit gleichberechtigtem Status und unterschiedlichen Aufgaben – wo sonst hätte es in den sechziger Jahren eine solche demonstrative Ausgeglichenheit der Geschlechter gegeben?

Lembkes Rateteam erfreute sich in der deutschen Fernsehwelt eines steigenden Bekanntheitsgrades, weit über seine Rolle bei »Was bin ich?« hinaus. Von Programmzeitschriften über Preisverleihungen bis zu Autobiographien wurde das ganze Team publizistisch umsorgt; es wurde 1967 sogar mit der goldenen Teamkamera der Programmzeitschrift *Hörzu* ausgezeichnet. Die Mitglieder des Rateteams waren also nicht auf Vornamen reduzierbare Figuren. Jeder einzelne hatte nochmals ein dem Fernsehpublikum vertrautes, publizistisch inszeniertes Leben. Es war in der Sendung zwar nicht explizit vorhanden und wurde dem Team untergeordnet. Aber dieses zweite öffentliche Leben schwang immer mit, wenn Annette, Marianne, Hans und Guido in Aktion traten, und es stärkte das Gewicht und die Legitimation der Suchexperten, die zusammen dem Selbstbild der bundesrepublikanischen Gesellschaft kaum besser hätten entsprechen können. Hans Sachs zum Beispiel war der korrekte Beamte und scharfsinnige Jurist. Der Raffinesse seines Fragestils waren manche Gäste nicht gewachsen: »Gehe ich recht in der Annahme, daß Sie nicht im Unterhaltungsbereich tätig sind?« Wer so fragte, mußte die Verhörsituation genau kennen oder litt unter einer »déformation professionelle«. Bei Hans Sachs war beides der Fall. Als Oberstaatsanwalt aus Nürnberg (und einstiger Chef von Horst Herold) war er mit raffinierten Fragetechniken und Suchprozeduren vertraut und verkörperte das, was man seit 1949 als demokratisch legitimierte Ausgabe der deutschen Justiz von ihrer unmittelbaren Vergangenheit scharf abgrenzen durfte. Der sinnliche Überschuß seiner Kleidung, die einen Hauch zum Dandyhaften verströmte, und die auffällige Kombination von Fliege und Schnauzbart verliehen ihm eine von Pfiffigkeit und Eleganz gestützte Aura. Gleichzeitig trug er den Namen des deutschen Spruchdichters, Meistersingers und Dramatikers Hans Sachs, der im frühen 16. Jahrhundert ebenfalls in Nürnberg gewirkt, die Anfänge der lutherischen Reformation poetisch unterstützt hatte und der älteren Zuschauergeneration aus dem Deutschunterricht und dem vergangenen Wagner-Kult wohlvertraut war.

Auf ganz andere Weise repräsentierte Annette von Aretin die Vielfalt der bundesrepublikanischen Gesellschaft. Als Marie

Adelheid Kunigunde Felicitas Elisabeth Freiin von Aretin wurde sie in Bamberg geboren und war die erste Ansagerin des Bayerischen Fernsehens. In seinem Nachruf attestierte ihr der Fernsehdirektor des Bayerischen Rundfunks Gerhard Fuchs, daß sie »mit ihrer feinsinnigen Intelligenz, einnehmenden Sympathie und nicht zuletzt mit ihrer immer vornehmen äußeren Erscheinung« Millionen von deutschen Frauen ein Vorbild gewesen sei »in deren Wunsch nach mehr Eigenständigkeit in Gesellschaft und Beruf«.[18] Mit *Emanzipation charmant* überschrieb von Aretin ihre Autobiographie, die im Plauderton eines starken, wenn auch leicht ironisierten Selbstbewußtseins gehalten ist. Annette stand für eine konsumgesellschaftlich angepaßte, sorgfältig gezügelte Bohème. Mit einer eigenwilligen Kombination von Unbekümmertheit, gesellschaftlicher Gewandtheit und geschickter Bewirtschaftung der eigenen Professionalität stellte sie sich als eine Frau dar, die Ängsten und Nöten der bundesrepublikanischen Nachkriegszeit mit spielerischer Grundhaltung begegnete und den eigenen Erfolg als eine unerklärliche Folge glücklicher Fügungen deutete.[19]

Marianne Koch ritt seit Mitte der fünfziger Jahre auf den einträglichen Wellen des Heimatfilms, trat im Italowestern »Für eine Handvoll Dollar« von Sergio Leone zusammen mit Clint Eastwood auf und wurde für ihre darstellerische Leistung an der Seite von Curd Jürgens in »Des Teufels General« – gemäß Trailer »ein überzeugendes Dokument realistischer Zeitdeutung« – mit dem Bundesfilmpreis und einem goldenen Bambi ausgezeichnet. In »Das unsichtbare Netz« sorgte sie zusammen mit Gregory Peck ebenso für Spannung wie später bei Radio Bremen in ihrer turbulenten Talkshow »3 nach 9« mit einem bunten Strauß von spektakulären Gästen, von Fritz Teufel und Helmut Kohl über Olof Palme und Alice Schwarzer bis zu Georg Kreisler und Walter Jens. 1970 hatte sie ihr Medizinstudium wiederaufgenommen und war Ärztin geworden.[20] Koch stand für eine Form der Emanzipation, die sich gleichzeitig auf die erfolgreiche künstlerische Entfaltung mit bildungsbürgerlichem Hintergrund und auf professionalisierte Ausbildung mit hohem Sozialprestige stützen konnte. Sie war als Autorin medizinischer Ratgeberliteratur publizistisch tätig und erfreute sich einer großen Popularität beim deutschen Fernsehpublikum.[21]

Mit Guido Baumann schließlich hatte Lembke sein bundesrepublikanisch repräsentatives Rateteam um einen Vertreter der Schweizerischen Rundfunk Gesellschaft SRG ergänzt. Der als Ratefuchs und Schlaumeier gehandelte Baumann ging bei seinen Fragen meist wenig systematisch vor, erzielte aber bemerkenswerte Treffer, die oft aus heiterem Himmel fielen. Als Unterhaltungschef des Schweizer Fernsehens brachte Baumann einen den eurovisionären Anspruch von Lembkes Sendung repräsentierenden Aspekt ins Rateteam. Lembkes Sendung wurde für eine bundesrepublikanische Gesellschaft produziert, deren Verhältnis zum Ausland nicht mehr vom aggressionsgeladenen Herrschaftsanspruch des Dritten Reichs, sondern von Koordination und multilateraler Kooperation in einer deutschsprachigen Gemeinschaft geprägt sein sollte, in der die gewitzten Schweizer eine niedliche Gegenwelt bespielten (und die DDR natürlich fehlte).

Ein Beamter, eine Fernsehansagerin mit adeligem Familienhintergrund, eine international erfolgreiche Schauspielerin, die Ärztin wurde, und ein Vertreter des Unterhaltungsfernsehens aus dem benachbarten Ausland, oder ganz einfach zwei Frauen und zwei Männer: Lembkes Rateteam war so zusammengesetzt, daß es trotz konservativer Ausrichtung der Sendung die moderne bundesrepublikanische Gesellschaft repräsentierte. An diesem

Anspruch auf sorgfältig austarierte Vielfalt wurde auch dann festgehalten, wenn einzelne Mitglieder an der Teilnahme einer Sendung verhindert waren und deshalb eine der beiden Frauen etwa durch die Fernsehansagerin Anneliese Fleyenschmidt oder einer der beiden Männer durch Max Rüeger ersetzt werden mußte. Das Team hielt Lembkes Suchmaschine in Gang und arbeitete an der Objektivierung der Kandidaten, stellte zusammen mit dem Moderator die Adressierbarkeit sicher, indem eine eindeutige Zuweisung von Person und Beruf produziert wurde. Wie jede Suchmaschine war auch »Was bin ich?« so programmiert, daß einfache Selektionen – als Antworten waren nur ja oder nein zugelassen – das richtige Resultat aus allen möglichen Resultaten herausfiltern konnten. Und wie bei jeder Suchmaschine hatte der Suchprozeß einen spielerisch-experimentellen Charakter, ging von einer Simulation (Handbewegung) aus und endete in einer exemplarischen Dokumentation, in diesem Fall einem mündlichen Bericht oder einem Dokumentarfilm über einen bestimmten Beruf, den es zu erraten gegolten hatte.

Technisiert war dieser Suchprozeß in seiner schematischen Prozedur und in der medienspezifischen Herstellungsform. Alle Sendungen ließen sich dank Ampex Videotechnik vorproduzieren und mußten eine Live-Sendung nur imitieren. Daß man die Bänder per Flugzeug und nicht mit der Kutsche nach Zürich ins SRG Studio transportieren ließ, war ebenfalls fast selbstverständlich und entsprach dem beim Bayerischen Rundfunk in München akzeptablen Aufwandbedarf der Schweizer Partner in Zürich. Mit den »modernsten« aller Maschinen der sechziger Jahre aber, den Rechnern, hatte Lembkes Sendung gar nichts zu tun, aus durchaus programmatischen Gründen. Denn was, so fragte sich Robert Lembke 1972 im Jahrbuch der ARD, »schenkt man einem Computer, wenn man mal etwas Besonderes will?

Schokolade ißt er nicht, Alkohol trinkt er nicht, Anstecknadeln sammelt er nicht – vielleicht ein Fläschchen Öl?«[22] Das Programm, welches Erwartungssicherheit über die Möglichkeit stabiler Zuordnungen zwischen Person und Beruf suchte und herstellte, sollte im konservativen Sinne von demonstrativer Menschlichkeit geprägt sein. Darum war die Sendung von freundlichen Kommentaren gepolstert, deren Ironie auf ähnlichen Zuweisungsfehlern beruhte, wie sie Lembke auch in kuriosen Heiratsannoncen, Kleinanzeigen und Versatzstücken für den Smalltalk entdeckte und in seinem »Großen Buch« abdrucken ließ. Sie funktionierten alle nach dem Muster einer Kleinanzeige in den Nürnberger Nachrichten: »Metzger sucht Wirte zum Schlachten«.[23] Diese gemütliche Verharmlosung des Geschehens erhöhte nochmals die in jeder Ausgabe demonstrierte Leistungsfähigkeit der Sendung. Lembke, der sich in einem Cartoon auf dem Umschlagbild seines *Großen Robert Lembke Buches* als treffsicherer Bogenschütze darstellen ließ, dessen Pfeile stets ins Schwarze trafen, moderierte eine Sendung, die durch programmierte Interaktionen eines Teams laufend Zuweisungen stabilisierte, indem sie auf den Punkt gebracht wurden.

Die Suche nach der Devianz: Eduard Zimmermann

Nur wenige Jahre nach dem Start von »Was bin ich?«, aber weitab vom Bayerischen Rundfunk lancierte Eduard Zimmermann im Oktober 1967 ebenfalls eine Suchmaschine. Die vom Zweiten Deutschen Fernsehen produzierte, weltweit erste Fahndungssendung trug den bürokratisch-geheimnisvollen Titel »Aktenzeichen XY ... ungelöst«. Das Programm war ebenfalls schnell zum Spitzenreiter der Einschaltquoten avanciert, und als Zimmermann nach dreißig Jahren Moderationsdienst die Leitung von »Aktenzeichen XY« an Butz Peters weitergab, hatte er mit genau 300 Sendungen Lembkes Rekord nur unwesentlich unterboten und wurde in zahlreichen ausländischen Fernsehstationen imitiert. Der Kontrast zum heiteren Beruferaten war dennoch enorm. Zimmermanns Sendung lief in technischer, organisatorischer und dramaturgischer Hinsicht auf einem völlig anderen Kanal.[1]

Die Suchbewegungen der beiden Sendungen schlugen entgegengesetzte Richtungen ein. Lembkes Sendung ging von der Person aus und nutzte die Evidenz der Handbewegung, um den dazugehörigen Beruf zu finden. Das Ergebnis dieser Prozedur war die Erwartungssicherheit gegenüber dem Normalen. Zimmermanns Sendung dagegen ging von der kriminellen Praxis aus und nutzte die Spuren des Verbrechens, um den verantwortlichen Täter aufzuspüren. Das Ergebnis dieser Prozedur war die Erwartungssicherheit gegenüber dem Devianten. Nicht die Frage nach der Verbindung von Person und beruflicher Praxis, sondern die Frage nach der Verbindung von krimineller Arbeit und dazugehörigem Täter stand also im Vordergrund – das Adressierungsproblem der beiden Suchmaschinen war mithin völlig anders strukturiert und mußte mit ganz andern Mitteln gelöst werden.

Bei seiner Jagd nach den finsteren Gestalten, die für Raub, Mord und Totschlag verantwortlich gemacht und mit Hilfe des Fernsehpublikums gesucht wurden, konnte es Zimmermann nicht um die Verharmlosung des Geschehens, nicht um gemütliche Konversation und schon gar nicht um die spielerische Einkreisung des Gesuchten gehen. Statt Positionen innerhalb des »normal range« zu bestimmen und zu benennen, wie es bei Robert Lembke geschah, wurde in Zimmermanns televisionärer Verbrecherjagd mit Hilfe von Kulissen, Klischees, Schablonen und Phantombildern der mutmaßliche Ort der Devianz imaginiert.[2] Die Sendereihe setzte auf rabiate Skandalisierung und schreckte nicht vor schockierenden Präsentationen von Verbrechen zurück, um das Publikum aufzurütteln und zur Mitarbeit zu motivieren. Zimmermanns Ziel war der polizeiliche Zugriff.

Dafür entwickelte er ein eigenständiges Programm, das hinreichend flexibel war, um den vielen unterschiedlichen Fällen gerecht zu werden, das aber dennoch einem genügend klaren Aufbau folgte. Nach ersten einführenden Hinweisen des Moderators wurde ein Filmbeitrag gezeigt, der den Fall im Kleinkrimiformat nachspielte und dabei den bisherigen Stand der polizeilichen Ermittlungen zusammenfaßte. Danach folgte ein Expertengespräch mit einem Vertreter der zuständigen Polizeibehörde, in dessen Verlauf Spuren und Objekte, die im Zusammenhang mit dem geschilderten Verbrechen standen, publikumswirksam präsentiert wurden. An diese Objektivierungsformen des Ermittlungsengpasses schlossen sich konkrete und einfache Fragen an, die möglicherweise vom Publikum beantwortet werden konnten. »Sachdienliche Hinweise«, die zur Festnahme von gesuchten Tatverdächtigen führten, sollten an die zuständige Polizeidienststelle oder an das Studio gerichtet werden. Sie wurden oft mit der Aussicht auf eine Belohnung verbunden. In einer Spätausgabe der Sendung wurde der Stand der bisherigen Zuschauerreaktionen ans Fernsehpublikum zurückgemeldet. Das Programm hatte also zum Ziel, über die vom Filmbeitrag und dem Expertengespräch stimulierte Kooperation des Publikums mit der Polizei die Position des Verbrechers mit einer Adresse zu versehen. Mit dem Verlust des Inkognito verlor der Gesuchte den Schutz der Unschuldsvermutung und wurde zum medial gejagten und vorverurteilten Freiwild.

»Aktenzeichen XY« stellte zunächst jeden und jede unter Generalverdacht – das Verbrechen hätte überall stattgefunden haben können, von allen verübt worden sein und alle betroffen haben können, gesuchte Täter, traumatisierte Opfer und mögliche Zeugen saßen alle gleichermaßen vor dem Bildschirm.³ Die Sendereihe sollte sie aufgrund ihrer dramaturgischen Prozedur, im Idealfall bereits nach Ablauf des Programms in der Spätausgabe, wieder trennen können. Es war die Denunziation, welche die spezifische Differenz zwischen Opfer und Täter, zwischen Jäger und Gejagtem und zwischen Zeugen der Nachstellung und Zeugen des Verbrechens wiederherstellte, also ein der älteren Generation sehr vertrautes Verfahren der Durchsetzung von Normen, wie die Kritiker an Zimmermanns televisionärer Treibjagd immer wieder festhielten.⁴ »Das Stimulieren frischfröhlicher Denunziation gleichsam im Rahmen eines mit Geldpreisen ausgestatteten Gesellschaftsspiels, eines Kriminal-Totos, wirkt, mit Verlaub gesagt, anstößig in einem Gemeinwesen, in dem die Instinkte der politischen Denunziation noch vor gar nicht langer Zeit vieltausendfach giftige Blüten getrieben haben«, gab die *Süddeutsche Zeitung* im Anschluß an die erste Sendung zu bedenken.⁵

»Aktenzeichen XY« wurde sehr aufwendig gestaltet und verfügte über eine reiche Auswahl an dramaturgischen Elementen.[6] Zimmermanns Studio etwa glich einer Einsatzzentrale: Telefon und Mikrophon standen demonstrativ auf dem Schreibtisch, die Monitore mit den Direktschaltungen in die Studios des ORF in Wien und der SRG in Zürich – Zimmermanns sorgfältig auf den deutschen Sprachraum abgestimmte Fernseh-Interpol[7] – waren für das Publikum gut sichtbar aufgestellt, über einen weiteren, imaginären Monitor liefen die Kurzfilme. Die am Tatort gefundenen Indizien und Beweise sowie Fahndungsfotos, Phantombilder und Zeitungsausschnitte wurden während der Sendung eingeblendet oder auf Schautafeln montiert und mit den Kommentaren Zimmermanns oder eines Sachverständigen detailliert beschrieben.

Der Moderator leitete die Live-Sendung von unterschiedlichen Positionen aus, verließ seinen Schreibtisch, um sich vor die Monitore zu stellen und mit den beiden zugeschalteten Fernsehstudios zu sprechen, oder er schlenderte vom Pult zum runden Besprechungstisch, an dem die Gespräche mit den zuständigen Polizeibeamten stattfanden. Hier wurden die Filmbeiträge kommentiert, ergänzende Angaben gemacht und der eigentliche Suchauftrag an die Fernsehgemeinde formuliert. Dazwischen schob Zimmermann immer wieder allgemeine Erörterungen zur Mühsal und zum kriminalistischen Anforderungsreichtum polizeilicher Praxis ein, sprach über das Wesen des Verbrechens und über Verbrechensprävention oder kommentierte die Rolle des Zuschauers, den er als verantwortungsvollen Bürger, schutzbedürftigen Betroffenen und Beauftragten der Sendung bezeichnete. Im Hintergrund sah man die Telefonistinnen bei ihrer Arbeit und wußte – darauf hatte der Moderator ausdrücklich hingewiesen –, daß die eingehenden Gespräche mit den

Zuschauern laufend auf Tonband aufgenommen wurden. Nicht weniger als drei Fernschreiber – lärmintensive Großapparaturen für die schnelle, knappe und verläßliche Kommunikation zwischen industriellen Partnern – standen im Studio hinter einer Glaswand bereit, um wichtige Nachrichten von Polizeidienststellen oder Zuschauern zu registrieren. Die Inszenierung einer telekommunikativ und personell hochgerüsteten Einsatzzentrale sollte sich nach den Vorstellungen Zimmermanns über die Mattscheibe und das Telefon in die bundesrepublikanischen Wohnzimmer hinein verlängern; die Zuschauer wurden gar eingeladen, die Bilder der gezeigten Personen von ihren Bildschirmen abzufotografieren, und erhielten dafür eine Empfehlung über optimale Verschlußzeit und Blendengröße bei einer bestimmten Lichtempfindlichkeit des Filmmaterials.

Das komplexe Ensemble an dramaturgischen Versatzstücken prägte die »Aktenzeichen XY«-spezifische Sendekultur, bestimmte Tempo und Dynamik der Sendereihe, die von Anfang an mit unzähligen Selbstreferenzen auf die sorgfältige Bewirtschaftung ihrer Tradition achtete. Dafür wurde immer wieder auf neueste Entwicklungen in alten Fällen hingewiesen. Schon ein halbes Jahr nach Beginn der Sendereihe kündigte Zimmermann »die höchste Belohnung« für sachdienliche Mitteilungen an, »die in einem Einzelfall in dieser Sendung bisher ausgesetzt war«.[8] Und mit Sätzen wie »Kriminaloberrat Konrad Daunke ist, wie Sie sich vielleicht erinnern werden, für diesen Fall zuständig«[9] pflegte er eine spezielle Erinnerungskultur, die sich bis heute in einer eigentlichen Fangemeinde niederschlägt und zu auffällig vielen Videoclips aus »Aktenzeichen XY« führte, die auf youtube.com veröffentlicht worden sind.[10] Die fest programmierte Form dieser Selbstbezüglichkeit stellten die Besprechungen der Zuschauerreaktionen dar, die in der Spätausgabe der Sendung vor laufender Kamera mit Conrad Toenz in Zürich oder Peter Nidetzky in Wien geführt wurden.

Den wohl bedeutendsten Unterschied zwischen der Suchmaschine Zimmermanns und jener Lembkes findet man in der Rolle des Publikums, das bei Zimmermann – vom Moderator direkt angesprochen – fest in die Dramaturgie der Sendung eingebaut war und als hochvernetztes Ensemble von menschlichen Rechnern konzipiert wurde. »Die Fernsehfahndung ist kein kriminalistisches Wundermittel«, hielt Zimmermann 1969 fest. Die Methode, mit der hier gearbeitet werde, erinnere eher »an das Wirkungsprinzip einer elektronischen Datenbank, aus der man in kürzester Zeit erstaunlich präzise Informationen abrufen kann«.[11] Der Unterschied zwischen einer Datenbank und dem Gedächtnis der Zuschauer bestand im Aufwand, der für die Erhebung und die Erfassung der Daten geleistet werden mußte. »Gegenüber den wirklichen elektronischen Datenverarbeitungsanlagen, die in Zukunft auch in immer größerem Umfang bei den Kriminalbehörden eingesetzt werden dürften«, so Zimmermann, »bietet der überdimensionale lebende Computer ›Fernsehgemeinde‹ den Vorteil, daß man die Informationen nicht in mühevoller, oft jahrelanger Kleinarbeit in die Maschine ›einfüttern‹ muß. Auch das Aufnahmevolumen von Millionen menschlicher Einzelgehirne, die mit Hilfe des Bildschirms zu ein und derselben Sekunde abgefragt werden können, dürfte erheblich größer sein als das eines noch so gewaltigen elektronischen Roboters.«[12]

So potent die vernetzten Gehirne Zimmermanns auch waren, so strikt hatte sie in ihrer Abfragetechnik, ihren Speicherformaten und den Ausgabeformen eigenen Regeln zu folgen. Damit mußte man zunächst Erfahrung sammeln und den Suchauftrag entsprechend gestalten. Als Nachteil müsse festgehalten werden,

»daß der ›lebende Computer‹ nicht in der Lage ist, spezielle kriminalistische Fachinformationen, wie etwa Fingerabdrücke oder nur von Fachleuten auszuwertende Handschriftenproben, zu speichern. Man darf auch den psychologischen Abnutzungseffekt bei zu häufigem Gebrauch dieses Instrumentes nicht außer acht lassen.« Im Unterschied zu elektronischen Rechnern, darauf wies später auch Horst Herold hin, neige der menschliche Rechner bei starker Beanspruchung zu Ermüdung und Desinteresse. »Der ›lebende Computer‹ kann also nie ein Ersatz für eine moderne Ausrüstung der Polizei mit elektronischen Geräten sein.« Diese brauche »selbstverständlich ihre eigene Datenbank sowie auch ein eigenes Bildfunknetz, auf dem sie Täterfotos, Fingerabdrücke, Tatortskizzen und dergleichen schnell von einem Polizeipräsidium zum anderen übermitteln« könne. Immerhin aber sei die Fernsehfahndung »eine ideale Ergänzung für diese polizeiinternen Möglichkeiten« sowie eine »Brücke zu Millionen [von] interessierten Bürgern, die es zu beschützen gilt«.[13]

Die Leistungsfähigkeit der Suchmaschine »Aktenzeichen XY« hing also davon ab, ob für die Fragen ans Publikum ein mediengerechtes Format gefunden werden konnte. Nur dann war auch zu erwarten, daß der »lebende Computer« Hinweise ausspuckte, wie Zimmermann in seinem Buch *Das unsichtbare Netz. Rapport für Freunde und Feinde* festhielt. Bei der Auswahl und der Präsentation der Fälle war auf deren Fernsehfahndungstauglichkeit zu achten. Und das hieß nichts anderes, als eine Annahme darüber zu treffen, wie einzelne, fahndungsrelevante Elemente im Kollektivspeicher des Publikums abgelegt sein mochten und wie sie sich aus diesem Speicher wieder abrufen ließen. Allgemeingültige Regeln gab es dafür nicht, und Zimmermanns »Deutsche Kriminalfachredaktion GmbH (DKF)«, die seit 1967 in Zusammenarbeit mit den Landeskriminalämtern für die Auswahl der Fälle und die Herstellung der Drehbücher verantwortlich war, hat sich in ihren Annahmen tatsächlich immer wieder geirrt. Auch Zimmermanns Fernsehproduktions- und Verlagsgesellschaft »Securitel Film GmbH«, die seit 1975 die Sendung produzierte, griff bei der Übersetzung der Fälle in ein mediengerechtes Format bisweilen in die falsche Trickkiste. Das zeigte sich zum Beispiel dann, wenn sich ein vermeintlicher »Mörder« umbrachte, weil sein Alibi für die Tatnacht ein bislang gut verdrängter Seitensprung gewesen wäre. Man könne die Fernsehfahndung nur in relativ wenigen Einzelfällen einsetzen, hielt Zimmermann bereits 1969 fest. Bedingung für die Aufnahme eines Falles in die Sendung seien die »Ansatzpunkte«. »Nur wenn ein Fall solche Ansatzpunkte bietet, aus denen man konkrete, verständliche Fragen an die Zuschauer ableiten kann – nur dann hat es Sinn, sich des Mittels der Fernsehfahndung zu bedienen.«[14]

Im Abendprogramm des ZDF wurden deshalb ausschließlich Fälle präsentiert, für die sich Fragen formulieren ließen, deren Beantwortung herkömmliche Ermittlungsformen ergänzen konnten. Die Lösung der Fälle war jedoch – ähnlich wie bei Lembke – keine Bedingung für den Erfolg der Sendung. Die Spannung zwischen dem Spiel mit den latenten Ängsten der Zuschauer einerseits und dem Einsatz aller verfügbaren technischen Mittel andererseits machte »Aktenzeichen XY« zu einem attraktiven und unterhaltenden Programm. Der dramaturgische Bogen von der furchterregenden Simulation des Verbrechens über die Objektivierung der Indizien zur präzisen Formulierung von Zuschauerfragen ließ die Erwartungssicherheit steigen, daß sich letztlich die Adresse jedes Tatverdächtigen bestimmen lassen würde.

Bereits der Titel der Sendereihe spielte auf ein Adressierungsproblem an. Aktenzeichen sorgen normalerweise für eine transparente Verwaltung des amtlichen Schriftverkehrs und erlauben die eindeutige Zuordnung von Akten zu einem Verfahren. Jedes Aktenzeichen verweist auf den Bearbeiter oder seine Dienststelle, es bezeichnet die Art des Verfahrens, und es hält fest, wann die Akte angelegt worden war. Solange die Aktenzeichen stimmen, stimmt die Ordnung in der Ablage, ist die Adressierbarkeit der Akten gewährleistet. Zimmermanns Sendung stellte dies in keinem Moment in Frage, auch dort nicht, wo Ermittlungsverfahren Hunderten von Hinweisen und Spuren gefolgt waren. Aber Verwaltungsvorgänge müssen nicht nur sauber geordnet, sie müssen auch abgeschlossen werden. Der Vermerk »… ungelöst« auf einer xy-beliebigen Akte ist ein Verweis auf die Überlastung oder die Ratlosigkeit der zuständigen Behörde. Will sie ihre Glaubwürdigkeit nicht aufs Spiel setzen, ist sie auf Unterstützung angewiesen. Zimmermann trat mit dem Anspruch auf, der Polizei die in schwierigen Fällen notwendige Unterstützung durch das Fernsehpublikum vermitteln zu können. Wie der Vorspann der Sendereihe mit schematisierten Hängeregistraturen suggerierte, konnte jede einzelne Sendung von einer wohlgeordneten Akte ausgehen, dem Publikum deshalb auch Einblick gewähren in die bisherigen Ermittlungsprozeduren und anschließend aufgrund der im Publikum vorhandenen Wissensbestände das Zuweisungsproblem zwischen Tat und Täterschaft lösen. Die Akte sollte nicht nur sorgfältig geführt, sondern dank der Sendung auch endgültig geschlossen werden, indem dem Täter eine eindeutige Adresse zugewiesen wurde. »Das Rätsel um die unbekannte Tote im grünen Minikleid wartet unter dem Aktenzeichen 4JS 472-67 auf seine Lösung«, lautete der Schlußkommentar zum ersten in »Aktenzeichen XY« gezeigten Mordfall.[15] Die Ordnung der Aktenablage, die auf dem Adreßsystem des Aktenzeichens beruhte, sollte sich auf die Ordnung des Falls übertragen lassen, und damit sollte die Ordnung der Gesellschaft wiederhergestellt werden.

Die Rede von »Akten« und von »Fällen« verwies auf die primäre Objektivierungsstrategie der Suchmaschine »Aktenzeichen XY«. Lembke hatte ja die schwierige Frage nach dem »Wer bin ich?« in eine Frage nach dem »Was bin ich?« verschoben und sie damit objektiviert. Nicht die individuelle Besonderheit interessierte, sondern die gesellschaftliche Stellvertreterfunktion. Und erst nach Ablauf der Suchprozedur, also unter geklärten und normalisierten Verhältnissen, hatte Lembke wieder ein nichtobjektivierendes, »individuelles« Gespräch mit den Gästen geführt, ohne dabei ihren Status als Person im ursprünglichen Sinn des Wortes rückgängig zu machen. Zimmermann setzte ganz anders an. Zunächst konnte er den »Fall« bereits als Akte und damit als Objekt von der Polizei übernehmen. Im Anschluß daran offerierte er aber eine Simulation in der filmischen Inszenierung des Falls, die bis an die Grenzen des Zumutbaren Subjektivierungsangebote machte und dadurch Betroffenheit auslöste, daß sie jene Mischung von Realität und Imagination erzeugte, die für das Unheimliche konstitutiv sind.[16] Erst nach dieser subjektivierenden Simulation des Verbrechens, die ja auch eine Simulation der Zeugenschaft des Fernsehpublikums war, wurde die Ebene des Fiktionalen verlassen und in einer nachgelagerten Objektivierung ein Übergang zum Konkreten gesucht.

In jeder Sendung wurde dafür ein heterogenes Set von Spuren aufbereitet und ein vielfältiges Sammelsurium von Tatwerkzeugen, Kleidungsstücken, filmischen Nachstellungen, Phantombildern und verlorenen Beutestücken präsentiert, für die in der Masse des Fernsehpublikums eine Erinnerungsspur vermutet werden konnte. Gesucht wurde etwa nach Uhren oder Kleidungsstücken mit speziellen Reparatur- oder Abänderungsspuren. Oder es interessierte der Verbleib der Papiere eines Mordopfers, im konkreten Fall »ein Führerschein, ein Personalausweis und ein Reisepaß ausgestellt auf den Namen Heinz Schlundt«.[17] Suchen ließen sich auffällige Waffen, zum Beispiel »eine tschechische Pistole, eine Česka, eine auch als Brünner Taschenpistole auf dem Markt befindliche Waffe«, die im Vergleich zur deutschen Walther einen tiefliegenden Sicherungsflügel, einen schräggeriffelten Pistolengriff und natürlich ein anderes Firmenzeichen aufwies. Auch Indizien für auffällige Verhaltensweisen, etwa das Einsägen einer Pistolenkugel, oder auffällige Personen, die an einem bestimmten Tag etwas ganz Konkretes getan hatten, konnten gesucht werden. Dafür mußte dieser Tag so konkretisiert werden, daß er die unterschiedlichen Speicherformate beziehungsweise Erinnerungsformen möglicher Zeugen überhaupt ansprechen konnte: »Der 14. November 1966, der Tag, um den es hier geht, war der Montag nach dem Volkstrauertag. Am darauffolgenden Mittwoch war Buß- und Bettag, und im übrigen war es die Woche, in der in Bonn die Verhandlungen über die neue Regierungsbildung, über die Regierung Kiesinger-Brandt, ihrem Höhepunkt zustrebten.«[18]

»Aktenzeichen XY« war eine Suchmaschine, die Simulation und Konkretisierung programmatisch miteinander verband und als Phantombild funktionierte, als Pastiche von Gewißheit und Vermutung, als Melange von fiktiver und dokumentarischer Darstellung. Die vom Publikum erbetenen »sachdienlichen Hinweise« zu objektivierbaren Aspekten der Tat sollten das Beklemmende und Bedrohliche des ungeklärten Verbrechens und seiner im Spielfilm erzeugten Simulation aufheben und zur Katharsis des Zugriffs führen. Die dem einzelnen Zuschauer in Aussicht gestellte Belohnung war eine Kompensation für die subjektive Betroffenheit und eine Motivation für jenes risikoreiche Denunziantentum, das die Sendung als Dienstleistung an der Gesellschaft honoriert haben wollte und das einen Beitrag zur Schließung der Akte leistete.

Die Struktur der Sendereihe nahm das auf, was Karl Holzamer als Intendant des ZDF wenige Jahre vor der ersten Ausgabe von »Aktenzeichen XY« in Vorträgen über »Television als Erziehungsmacht, Information, Politikum« programmatisch festgehalten hatte. Als philosophierender Manager vertrat Holzamer die Überzeugung, daß ein Journalist »ohne eine geradezu künstlerische Befähigung [...] nicht seine subjektive Erfahrungserlebniskraft in den Dienst einer objektiven Tatsachenerfassung« zu stellen vermöge. »Ohne eine solche Befähigung könnte er nicht mit dem rationalen Instrument der Nachrichtengebung im Leser und Zuschauer die Ahnung tieferer Lebens- und Geschichtszusammenhänge aufsteigen lassen, in welche die einzelnen Ereignisse eingebettet sind. Eine gute Information muß über die Schilderung eines Einzelereignisses hinaus ein Fenster in die Wirklichkeit sein.«[19] Als künstlerisch gestaltetes, mit objektivierbaren Informationen angereichertes Fenster in die kriminelle (Teil-)Wirklichkeit der bundesrepublikanischen Gesellschaft machte »Aktenzeichen XY« Furore. Zimmermann hatte die Notwendigkeit seiner Sendereihe im Oktober 1967 mit seiner negativen Deutung der gesellschaftlichen Wirklichkeit begründet. »Die Kriminalität wächst. Sie wächst nach neuesten Zahlen beinahe fünfmal so schnell wie unsere Bevölkerung. Polizei und Gerichte werden mit der Entwicklung kaum noch fertig.« Zimmermann untermauerte seine Interpretation mit Zahlen, deren Herkunft und Zustandekommen er weder erwähnte noch belegte. Er konnte sich offenbar darauf verlassen, daß Millionen von Zuschauern diese Annahmen nicht hinterfragten. Immer mehr Straftaten blieben unaufgeklärt, und die kriminelle Praxis (»das Verbrechen«) habe neue Formen entwickelt: »Die Täter bedienen sich technischer Hilfsmittel und moderner Geräte.« Deshalb müsse nun »auch die Gegenseite, also die Polizei, die Gerichte und die öffentlichen Einrichtungen als die Vertreter der gesetzestreuen Bürger […] im Kampf mit dem Verbrechen mit der Zeit gehen und moderne Mittel einsetzen. Eines dieser neuen Instrumente im Kampf gegen das Verbrechen kann der Bildschirm werden.«[20]

Es ging also um ein massenmedial inszeniertes Wettrüsten mit dem Verbrechen und gleichzeitig um die mediale Skandalisierung der Kriminalität. Das Problem, daß ausgerechnet in der Hochkonjunktur der sechziger Jahre der verbraucherdemokratisch orientierten Bundesrepublik eine statistisch belegbare, von keiner Seite bezweifelte Zunahme krimineller Aktivität festzustellen war, wurde von Zimmermann und vom ZDF weder auf gesellschaftspolitisch begründbare Weise erörtert, noch konnten drei Fälle pro Sendung tatsächlich eine wirksame Antwort auf die statistisch signifikante Veränderung der Kriminalität sein. Es ging in »Aktenzeichen XY« um die exemplarische Bearbeitung einiger weniger Fälle aus der riesigen Zahl von über zwei Millionen Straftaten, die in der Bundesrepublik jährlich registriert wurden. Die Fahndungssendung sollte am einzelnen Fall ein Exempel statuieren und die Chancen für den polizeilichen Zugriff und damit die Chancen auf die Wiederherstellung der Ordnung erhöhen. »Die gestellte Aufgabe, mit Hilfe der Bevölkerung die Kriminalität einzudämmen, galt von vornherein als unlösbar. Es kann dem ZDF also nur an der Spannung, an der Unterhaltung auf Kosten gesuchter Straftäter gelegen haben«, kommentierte *Die Zeit* im Oktober 1970.[21] Da Verbrechen nicht als Effekte gesellschaftlicher Verwerfungen, sondern als Folge individueller

Devianz gedeutet wurden, konnte sich Zimmermann mit dem Ziel begnügen, die Devianz durch die Festnahme des Täters zu korrigieren und der Entgleisung des kriminellen Individuums dadurch zu begegnen, daß man es aus dem Verkehr zog.

Die Zimmermannschen Kombinationen von Denunziation und skandalisierender Unterhaltung am Bildschirm, von Heinrich Böll als »miese Grusicals für den Spießer, der in Pantoffeln dasitzt, Bier trinkt und glaubt, er würde zum Augenzeugen« apostrophiert, war eine autoritäre Antwort auf das, was man ganz einfach »das Verbrechen« nennen wollte. Böll zögerte nicht, eine der vielen Ausblendungen, die damit einhergingen, explizit zu machen. »Wie wär's, wenn Herr XY Zimmermann einen der immer noch gesuchten Naziverbrecher in der heiligen Krimistunde suchen ließe?«[22]

Zimmermann war der dezidierten Ansicht, daß »die Bürger einer freien Gesellschaft [...] automatisch einer größeren Gefahr durch Kriminalität« ausgesetzt seien »als die einer totalitären Ordnung«[23] und daß das »Wunderland der Ganoven« nur deshalb unter steigender Kriminalität zu leiden habe, weil »jene politischen Kräfte, die der Bundesrepublik nach dem Zusammenbruch des Dritten Reiches Gestalt gaben«, im irrtümlichen Glauben gehandelt hätten, »man brauche nur das Werkzeug des Staates, mit dem er den Bürger während der NS-Zeit belästigt hatte, möglichst stumpf zu machen, um damit automatisch die demokratischen Manieren des neuen Staates zu garantieren«.[24] Die repressionsscheue Beurteilung der Kriminalitätsentwicklung in der bundesrepublikanischen Wohlstandsgesellschaft mit ihrer »unbewältigten Freiheit« eröffne »dem gesetzwidrigen Gelderwerb eine Unzahl neuer Möglichkeiten«.[25] Der geschäftstüchtige Fernsehjournalist Zimmermann beeilte sich, »das schwindende Vertrauen in die vom Staat installierte Schutzeinrichtung ›Polizei« zu kompensieren. Dafür machte er seinem Publikum den Unterhaltungswert der Zusammenarbeit mit dem überforderten Polizeiapparat schmackhaft. Gegen die Popularität dieses Rezepts setzten sich liberale Staatsrechtler, kritische Feuilletonisten, engagierte Schriftsteller, aufmerksame Sozialpolitiker und fernsehscheue Intellektuelle vergeblich zur Wehr. So wie Zimmermann die technische Aufrüstung der Polizei und seiner Sendung als Voraussetzung für die Kompensation der Folgen des gesellschaftlichen Strukturwandels wahrnahm, so stellte die massenmediale Ermöglichung des polizeilichen Zugriffs auf das fahndungstechnisch objektivierte kriminelle Subjekt eine Kompensation für das Unrecht des Verbrechens und einen Trost für den Verlust des autoritären Modells dar. Die Sendung verlange, so Zimmermann, engagierte Zuschauer, kein passives, unbeteiligtes Publikum.[26] Dieses Engagement der Zuschauer als massenmedial stimulierte Bürgerwehr führte nicht bloß zum Einsatz des Bildschirms für die Verbrechensbekämpfung, sondern stabilisierte über viele Jahre hinweg die unterhaltende Differenz von gesellschaftlicher Devianz und gesellschaftlicher Norm.

Die Suche nach dem Muster: Horst Herold

Der Spiegel war begeistert – endlich schickte Bonn den Präsidenten des Bundeskriminalamts in den Ruhestand. »Daß während seiner sechsjährigen Amtszeit die westdeutsche Kriminalität um 38 Prozent anstieg und die Aufklärungsquote für Verbrechen und Vergehen von 55 auf 48 Prozent absank«, sei Paul Dickopf zwar nicht anzulasten. Gleichwohl habe er es versäumt, Signale für eine zeitgemäße Verbrechensbekämpfung zu setzen. In Wiesbaden werde »mit kurpfuscherischer Fahrlässigkeit und arroganter Selbstherrlichkeit gewirkt, wo koordiniert gearbeitet werden sollte«.[1]

Dickopf stand als Person für die Kontinuität der Vergangenheit, lange bevor seine nationalsozialistische genauer beleuchtet wurde.[2] Er wurde dargestellt als jemand, der »aus alter, konservativer Anschauung« immer in denselben Hotels absteige, sich beharrlich über Rundfunk informiere, weil er das Fernsehen verabscheue, und sich »nur ungern von liebgewordenen Schränken und Papieren« trenne. Theoretische Kriminalstrategie, wissenschaftlicher Dienst, aktive Kriminalpolitik, systematische Prävention, rechnergestützte Verbrechensbekämpfung – das alles habe Dickopf nur am Rande oder lieber gar nicht betrieben.[3] Die bestehenden Aktenzeichen, Hängeregistraturen und Karteikartensysteme versetzten das BKA ja nicht einmal in die Lage, gewöhnliche Geschäftsvorgänge wie die Ausschreibung einer Person zur Fahndung binnen Monatsfrist zu erledigen. Die Wiesbadener Ermittler führten »in engen Räumen bei künstlichem Licht und auf dunklen Fluren, die mit Karteischränken zugestellt sind, einen Sisyphus-Kampf gegen die tägliche Flut von Fernschreiben und Formularen, Steckbriefen und Statistiken.«[4]

Ganz anderes war von seinem Nachfolger zu erwarten. Horst Herold wolle, so *Der Spiegel*, das BKA mit Hilfe der Elektronik »zum Großhirn der deutschen Polizei« machen, das »bei raschestem Datenfluß Informations- und Kommunikationszentrum zugleich sein soll«. Statt Informationshüterei der Ämter müsse kriminologische Forschung über die Ursachen des Verbrechens betrieben werden. Die deutsche Polizei sitze auf Milliarden von Daten, und das sei eine einmalige Chance, »per Computer den Täter in seiner vielfachen Verstrickung zu seiner Anlage, seiner Umwelt und seiner Gesellschaft zu erforschen, die Ursachen seines Handelns aufzuzeigen und die dahinsiechende Aufgabe der Verbrechensverhütung gleichrangig neben die der Verbrechensverfolgung zu stellen«, ließ sich Herold zitieren.[5]

Die Figur des neuen Chefs im BKA – vom *Spiegel* mit dem Label »Kommissar Computer« versehen – markierte den größtmöglichen Kontrast zur konservativen Exempelwirtschaft des Normalen bei Lembke, zur massenmedialen Verbrecherjagd mit ihrer denunziatorischen Hysterie bei Zimmermann und zur kafkaesken Amtsstubenroutine bei Dickopf. Sein Vorschlag war ein großes Versprechen an das linksliberale, technokratisch orientierte Lager der bundesrepublikanischen Öffentlichkeit, das den Problemen des gesellschaftlichen Wandels mit wachsender Sorge und zunehmender Hilflosigkeit gegenüberstand. Die Suche nach einer statistisch belegbaren Einsicht in die Muster der Devianz werde starke Argumente für die Verbrechensprävention liefern und gleichzeitig für die flexible Einsatzplanung der Polizei genutzt werden können. Repression sollte durch Prävention ersetzt werden, Behauptung durch Dynamik, Befehl durch Steuerung, Erfahrung durch Sachlogik und Hypothesen durch Prognosen.[6]

Herold versprach eine neue Methode, mit der unter den schwierigen, oft turbulenten Bedingungen der Gegenwart gesellschaftliche Ordnung hergestellt werden könne. »Die festen Rhythmen des polizeilichen Einsatzes, bestimmt von Dienstzeiteinteilung, Bürostunden, Schichtendienst mit starren Streifendienstzeiten, geographisch abgegrenzten Streifenbezirken usw., werden von einem schwerpunktmäßig ausgerichteten Einsatz abgelöst, der die Polizeikräfte an den Ort zu der Zeit lenkt, an dem und zu der sie gebraucht werden«, hatte Herold 1968 prognostiziert.[7] Die Allokation von polizeilichen Ressourcen sollte flexibilisiert werden und sich auf die situationsgerechte Analyse der kriminellen Praxis und ihrer Muster stützen. Die rechnergestützte Analyse kriminalgeographischer Muster – welche Straftaten werden mit welcher Häufigkeit in welchen Räumen und von welchem Tätertypus verübt – erlaube eine flexible Steuerung der Polizei. Dies führe zur Aufhebung bisheriger Zuständigkeitsgrenzen beziehungsweise unterwerfe sie »einer ständigen Veränderung« in Abhängigkeit der sich verändernden Verhältnisse der Kriminalität. Dank der elektronischen Datenverarbeitung könnten dabei ohne Zeitverlust sämtliche Meßwerte für beliebig untersuchte Muster verwendet werden.[8]

Herolds Programm einer veritablen Kybernetik der Polizei war nicht nur vielversprechend, es war auch äußerst voraussetzungsreich. Publizistisch hatte es Herold seit der zweiten Hälfte der sechziger Jahre in zahlreichen Vorträgen und Aufsätzen vorgestellt und seine Umsetzung auch in den siebziger Jahren immer wieder kommentiert.[9] Als erste Skizze war 1968 im Taschenbuch für Kriminalisten ein Aufsatz über die »Organisatorischen Grundzüge der elektronischen Datenverarbeitung im Bereich der Polizei« erschienen. Herold hatte darin gefordert, Angaben, die von den Personalien, Familien-, Wohn-, Rechts-, Besitz- und Sozialverhältnissen bis zu kriminalbiologischen und kriminalsoziologischen Daten reichen, künftig in einer systematisierten, maschinengerechten Form zu erfassen und »mit größter Genauigkeit rationale Einsichten in die Ursachen und auslösenden Kräfte des Verbrechens zu gewinnen«.[10] Die elektronische Datenverarbeitung sollte dabei nicht etwa den polizeilichen Arbeitsabläufen angepaßt werden. Vielmehr hielt Herold organisatorische Veränderungen, ja sogar eine radikale Abkehr von bisherigen Arbeitstechniken und hergebrachten Denkvorgängen für unumgänglich, schließlich bestimme »das maschinelle Sein das polizeiliche Bewußtsein«.[11]

Freilich mußte Herold, ganz im Unterschied zu Lembke und zu Zimmermann, die operativen Grundlagen seiner Suchmaschine erst einmal herstellen, und dafür waren große organisatorische Anstrengungen notwendig. Als »Futtermeister für Elektronenrechner« konnte Herold die Hängeregistraturen seines Vorgängers nicht einfach in die Näpfe elektronischer Arbeitstiere füllen. Vielmehr sah er sich jenem »erfrischenden Denkzwang« ausgesetzt, der – wie der Verwaltungswissenschaftler Niklas Luhmann mit Blick auf die Kosten leistungsfähiger Großrechner 1966 geschrieben hat – von der Automation der öffentlichen Verwaltung ausgehen konnte.[12] Nach Herolds Dienstantritt in Wiesbaden wurde das BKA Schlag auf Schlag umorganisiert, die Personaldecke verstärkt und der Maschinenpark aufgerüstet. Die Eckdaten der Entwicklung sind beeindruckend: Beim Amtsantritt von Herold betrug der Jahresetat des BKA knapp 55 Millionen Mark; rund 1100 Personen arbeiteten für das Amt. Zehn Jahre später verfügte es über einen Jahresetat von 290 Millionen Mark und hatte über 3500 Mitarbeiter.[13] In Wiesbaden entstand eine Suchmaschine von präzedenzloser Größe, die mit Dateien operierte, die sich indexieren und gegeneinander abgleichen ließen. Um ihre Funktionstüchtigkeit zu sichern, mußte man jene Beschreibungen von Tätern und Taten, die in den vollgestopften Archivschränken ruhten, in Form bringen, und das hieß, sie in bewegliche Daten übersetzen. Erst dann war es möglich, »alle gespeicherten Fakten, die praktisch unbegrenzt angehäuft werden können, mehrdimensional nach beliebigen Zusammenhängen zu durchdringen und logisch zu verknüpfen«.[14] Der papierenen Informationsflut des Amtes begegnete Herold durch eine Umgestaltung der Erfassung, Speicherung und Abfrage, oder anders gesagt: Fakten wurden systematisch mit Adressen versehen und standen danach als ständig abrufbare und beliebig kombinierbare Einträge in Dateien, in Form von Daten also, zur Verfügung.[15] Die neue Suchmaschine konnte allerdings erst dann für die kriminalgeographische Mustererkennung nützlich werden, wenn die Einträge in ihren Dateien auch systematisch erweitert wurden. Um zu wissen, nach welchen Mustern sich kriminelle Aktivitäten auf den Raum verteilten, wo sie sich zum Beispiel konzentrierten und welche Kriminalitätsformen an bestimmte Siedlungs-, Verkehrs- und Geschäftsbezirke gebunden waren, mußten vorhandene Kriminalitätsdaten um geographische Koordinaten und um Variablen zur jeweiligen Raumkategorie ergänzt werden, damit sich spezifische Angaben zu Delikten nach räumlichen Zählbezirken auflisten und die automatisierte Berechnung von Dichtegruppen kartographisch darstellen ließen.

Der Aufwand war immens. Bis 1979 wurden beim BKA 4,7 Millionen Namen elektronisch registriert, mehrere tausend Organisationen erfaßt, Fingerabdruckkarten von 2,1 Millionen Verdächtigen und Lichtbilder von 1,9 Millionen Personen gespeichert. Allein die seit 1977 für die Terrorismusbekämpfung spezialisierte Personenidentifizierungszentrale verwaltete von 3500 besonders verdächtigen Subjekten detaillierte Personendossiers inklusive

Fotos, Fingerabdrücken und Handschriftproben. Dazu gesellte sich alles, was die Häftlingsüberwachung, die Zielfahndung, die beobachtende Fahndung und die Alibiüberprüfung an Daten anspülte, was über die Registrierung von Reisebewegungen in Zügen, im Flugverkehr, bei der Autovermietung, an Grenzübergängen oder auf Hotelmeldezettel in Erfahrung gebracht werden konnte, oder was bezüglich suspekter Mietverträge, über verlorene beziehungsweise gefälschte Ausweispapiere und aus Sachfahndungsprogrammen an Daten zu beschaffen war. Dies alles erfaßte man beim BKA in einem übergreifenden Datensystem für Personen, Institutionen, Objekte und Sachen (PIOS).[16] Das System verwaltete alle relevanten Meldesysteme, war der Referenzpunkt für alle Abfragen und stellte nach Meinung seines Architekten einen obligatorischen Durchgangspunkt für das gesamte polizeiliche Wissen der Republik dar. Damit konnte das Wissen, das bei Dickopf in Aktenschränken geruht und dessen Revitalisierung *Der Spiegel* mit Spannung erwartet hatte, gleich für ein halbes Dutzend unterschiedlicher Tätigkeiten der Polizei genutzt werden. Ein elektronisch verwalteter Datenbestand erlaubte nicht nur Auskünfte über einzelne Täter, Tatorte und Personalverhältnisse, sondern ermöglichte auch systematische Recherchen, etwa die Suche nach »allen 19jährigen Bäckern mit schwäbischer Mundart«.[17] Zudem konnten statistische Reihen erstellt, Forschungsarbeiten zu Gesetzmäßigkeiten der Kriminalität unterstützt und schließlich die Organisationssteuerung bis hin zur Steuerung des präventiven Einsatzes von der elektronischen Datenverarbeitung übernommen werden.[18]

In der Tat leisteten die großen Datensammlungen Herolds weit mehr, als die bloße rechnergestützte Verwaltung von Karteikarten es vermocht hätte.[19] Der BKA-Chef wurde nicht müde, die Möglichkeit auf Einsicht in Zusammenhänge, also die

Herstellung von plausiblen Kausalverbindungen aufgrund der Verknüpfung von großen Datensätzen, anzupreisen. »Fragen nach Zusammenhängen wie zum Beispiel Fingerabdruck und Vererbung, Körpergröße und Straftat, Stadtstruktur und Straftatenhäufigkeit« könnten sie »wie überhaupt sämtliche nur denkbare Verbindungen und Kombinationen von Fakten gleichsam ›auf Knopfdruck‹ auf massenstatistischer Basis« beantworten, hatte Herold 1976 im *Staatsanzeiger für Baden-Württemberg* verkündet.[20] Das BKA verfügte nun über eine dramatisch erweiterte Zugriffsmöglichkeit auf vorhandene Wissensbestände und ermöglichte »jedem Polizeibeamten, wo immer er sich befindet, ob an der Nordsee oder im Bayerischen Wald, in Sekunden den Zugriff zu dem gesamten polizeilichen Wissen«.[21] Gleichzeitig war für Herold die durchgehende Technisierung der Polizeiarbeit eine wichtige Voraussetzung für die Entsubjektivierung rechtsstaatlicher Verfahren. Mit Hilfe wissenschaftlich überprüfbarer Sachbeweise leiste die Kriminaltechnik einen »Beitrag zur Transparenz und Nachprüfbarkeit und damit zur Verobjektivierung der Urteilsfindung im Strafprozeß«.[22]

Weitreichend waren die Konsequenzen der Heroldschen Suchmaschine auch hinsichtlich der zunehmenden Vernetzung der Polizeidienststellen und der gesteigerten Interaktionsmöglichkeit zwischen Zentrale und Peripherie. Die Suchmaschine wurde omnipräsent, die von ihr erbrachte Verknüpfungsleistung ubiquitär, denn die Zahl der Rechner, die im Verbund arbeiteten, stieg laufend, und die Informationsmöglichkeiten vervielfachten sich von Jahr zu Jahr. Das BKA zementierte damit jedoch nicht einfach seine Datenhoheit. Vielmehr begann es, die Pflege der Daten in der Zentrale mit den peripheren Datenlieferanten zu teilen: Wer Daten ins System eingegeben hatte, durfte diese auch wieder korrigieren oder gar löschen. Das zentrale System wurde auf diese Weise in die Landeskriminalämter zurückgespiegelt und so der informationstechnische Trend der siebziger Jahre, Systemintelligenz an die Peripherie zu verlegen, vollzogen. Außenstellen wurden nicht mehr nur als Konsumenten von Auswertungsprodukten oder als Lieferanten von informationellen Rohstoffen verstanden.[23] Um auf seine Anfrage eine Antwort zu erhalten, mußte der Polizeibeamte in Flensburg oder Nürnberg nichts anderes tun, als vor dem Bildschirm sitzen zu bleiben, denn »auf dem gleichen Bildschirm erhält der Anfrager innerhalb einer Suchzeit, die sich im Bereich einiger Minuten bewegt, die Adressenliste der Personen aus der Zentraldatei, bei denen Merkmalsübereinstimmungen vorliegen«. Die Daten waren von irgendeinem Kollegen, der vielleicht in Aachen oder Kassel arbeitete, ins System eingebracht worden.

An die mächtige Suchmaschine konnten außerdem durch Erweiterung der Netze zusätzliche Dienstleistungen angebunden werden, die umgehend allen weiteren Abfragen zugute kamen. So wurden örtliche Polizeidienststellen in die Lage versetzt, eine von ihnen eingesammelte »Tatortfingerspur« per »Telebild« dem Bundeskriminalamt zu überspielen, das dann »Verformelung, Eingabe und Recherche« übernahm, um sie anschließend auch anderen Suchprozeduren zur Verfügung zu stellen.[24] Durch den Anschluß von »Telex-Fernschreibern« wurde das deutsche INPOL-Netz auf die 113 Mitgliedstaaten der Interpol ausgedehnt, die dann »von jedem Punkt der Erde auf den Informationsbestand der Polizei in der Bundesrepublik zurückgreifen« konnten.[25] Kein Zweifel, die Grundlagen polizeilicher Arbeit befanden sich im Umbau. Herold zögerte nicht, diese technisch-organisatorische Effizienzsteigerung der Polizei als eine »technisch verursachte Fundamentaldemokratisierung größten Ausmaßes« zu bezeichnen, da bisheriges »Vorbehalts-, Zentralstellen- oder Herrschaftswissen einzelner« beseitigt würde und in Zukunft buchstäblich jedermann alles wissen werde.[26]

Damit dieser große Verbund von Rechnern überhaupt Daten austauschen konnte, mußte das BKA auf eine konsequente Objektivierung beziehungsweise Formalisierung der verfügbaren Beschreibungen von Tätern und Taten drängen. Jeder Eintrag in die Dateien der Suchmaschine des BKA hatte deshalb eine lange Sequenz von Objektivierungsschritten zu durchlaufen. Ein Fingerabdruck etwa mußte als Spur festgestellt und als Bild fixiert werden, bevor er »in tausendfacher Vergrößerung« auf eine Mattscheibe projiziert werden konnte. Danach ließen sich die anatomischen Besonderheiten der Papillarlinien in mathematische Formeln übersetzen und deren Variablen in eine Datei eingegeben. So verfügte man über einen maschinell suchbaren Ausdruck für die einzelne Tatortspur.[27] Mit Hilfe eines neuen Klassifizierungssystems und der Rasterung vorhandener Zehnfingerabdruckblätter war es möglich geworden, die Zahl der von der Maschine auf einer Einzelfingersuche angebotenen Liste von Personen auch bei einem Bestand von etwa 1,8 Millionen »daktyloskopierten Straftätern« in sehr kurzer Zeit auf rund zwanzig Namen zu reduzieren, »wobei diejenigen Personen, die die größte Wahrscheinlichkeit der Übereinstimmung mit der Tatortspur haben, in 95 % aller Fälle an den ersten Stellen rangieren«.[28]

Das Beispiel des Fingerabdrucks macht deutlich, daß die Suche nach Mustern nicht nur auf einer gesamtgesellschaftlichen, hochaggregierten Ebene betrieben wurde, sondern gleichzeitig auch zur Normalstrategie der Datenaufbereitung gehörte. Die Suche nach Mustern devianten Verhaltens, welche über präventive Maßnahmen die Suche nach dem individuellen Täter ersetzen sollte, hatte eine umfassende Objektivierung der individuellen Tätermerkmale und der Tatspuren notwendig gemacht. Diese Objektivierung durch Mustererkennung wurde in den späten siebziger Jahren so gelöst, daß das Abweichen einer einzelnen Spur vom Normalbild zur entscheidenden Information gemacht werden konnte. Dies galt für die Objektivierung eines Fingerabdrucks ebenso wie für andere Kategorien von Tatortspuren. Mustererkennung wurde zu einem zentralen Problem der Digitalisierung aller Datenbestände, die der Wiesbadener Suchmaschine als Operationsplattform dienten. Im Oktober 1978 lud das BKA deshalb rund zwanzig Experten der Rechtswissenschaft, der Medizin, der Fahndungspraxis, der Psychologie, der Informatik und der technischen Bildverarbeitung zu einer Arbeitstagung nach Wiesbaden ein. Sie diskutierten neue rechnergestützte Untersuchungsmethoden der Kriminaltechnik sowie laufende Forschungsvorhaben im Bereich der Mustererkennung und der automatisierten Auswertung von Meßdaten.[29] Der Tagungsbericht macht deutlich, daß in verschiedenen kriminaltechnischen Laboratorien ein System der »ganzheitlichen« Personenerkennung am Entstehen war, das weit über den herkömmlichen Bereich der Daktyloskopie »alle Merkmale der Individualität erfassen« sollte, »also Haltung, Gang, Mimik und Gestik, Sprache, Blut, Haare, Röntgenbilder, körpergebundene Besonderheiten, Verhaltenseigenheiten«, deren Aufzeichnung und Erkennung den Einsatz neuer Medien verlangte, vom Film über das Fernsehen bis zur Datenverarbeitung.[30]

Verfahren der Mustererkennung sollten zum Beispiel auf fotografische Bilder angewendet werden, bis hin zu dem, was man heute als biometrische Verfahren der Personenidentifikation bezeichnen würde. Gunther Groh, ein im Forschungslaboratorium der Philips in Hamburg tätiger Physiker, berichtete auf der BKA-Tagung über laufende Forschungsarbeiten im Bereich der digitalen Stimmidentifizierung und im Bereich der digitalen Bildverarbeitung. Die mittleren Intensitäten in den einzelnen Frequenzintervallen gäben nämlich, so Groh, die beim Sprechen möglichen Resonanzen des Vokaltraktes wieder. Diese seien von der Anatomie abhängig und damit ähnlich spezifisch wie ein Porträt. Für Porträts wiederum arbeite man an der Möglichkeit einer automatischen Suche in einer Bilddatenbank. Da der Vergleich eines Grautonbildes mit einem als Graphik vorliegenden Phantombild problematisch war, suchte Groh nach Möglichkeiten, mit Hilfe des Computers ein Grautonbild in eine Graphik umzusetzen.[31]

Auch Ernst Bunge, der Leiter der kriminaltechnischen Forschungsgruppe im BKA, stellte auf der BKA-Tagung seine Arbeiten zur Mustererkennung vor. Bunge hatte 1976 an der damaligen TH Darmstadt mit einer Dissertation über *Vergleichende systematische Untersuchungen zur automatischen Identifikation und Verifikation kooperativer Sprecher* promoviert und berichtete nun vom Aufbau eines Rechenzentrums am BKA, das in der Lage sei, »Stimmen, Schall, Bilder, Meßdaten und Texte gleichermaßen zu verarbeiten, um auch dort objektive Analysen vornehmen zu können, wo bisher nur subjektive unreproduzierbare Aussagen gemacht werden konnten«.[32] Bunge ging es um eine multimediale Integration von Daten unterschiedlichster Herkunft. Dabei stützte er sich durchweg auf Verfahren der mathematischen Statistik, der Entscheidungstheorie und der Mustererkennung, mit Hilfe derer individuelle Schriften, Stimmen, Ausdrucksweisen und körperliche Erscheinungsformen analysierbar und vergleichbar gemacht werden sollten.[33]

Da die rechnergestützte Mustererkennung ein systematisches Vergleichen und eine gezielte Kombination von großen Datenmengen ermöglichte, ließ sich die Suchmaschine des BKA für ein besonders raffiniertes Verfahren einsetzen, das unter der Bezeichnung »negative Rasterfahndung« berühmt geworden ist.[34] Das Verfahren kombinierte Fahndungsdateien des BKA mit Dateien, die in andern Zweigen der öffentlichen Verwaltung vorhanden waren. Die Methode wurde vor allem zur Fahndung nach mutmaßlichen Terroristen eingesetzt, denn die Mitglieder der RAF zeichneten sich fahndungstechnisch durch jene fatale Merkmalslosigkeit aus, die auch das Schreckgespenst der bürgerlichen Kriminalistik, die Figur des Gauners, geprägt hatte – sie waren nicht nur als Biedermänner und Gattinnen verkleidet, sie fuhren inzwischen auch Wagen, die als Dubletten gar nicht gesucht werden konnten, und verfügten über konspirative Wohnungen, deren ostentative Normalität nur schwerlich zu charakterisieren war. Die besonderen Merkmale auf den Fahndungsplakaten hatten sich längst verflüchtigt. Was aber ohne Merkmal ist, kann nicht gesucht werden, weil es sich nicht durch Differenzen auszeichnet.[35] Das BKA konnte also nicht nach einem bestimmten Eintrag in seinen verschiedenen Dateien suchen, sondern mußte eine bedeutungsschwere Lücke im Adressenraum seiner Dateien orten.[36]

Bei der »negativen Rasterfahndung« kombinierte das BKA nicht mehr massenhaft vorhandene, bedeutungsvolle Einzelteile zu einem interpretierbaren Mosaik, sondern suchte in allen vorhandenen Datenbanken nach all jenen Daten, die einem abstrakten Täterprofil gerade *nicht* entsprachen, um sie dann zu löschen. Was ganz zum Schluß übrigblieb, der »Bodensatz« des Datenraums, mußte bedeutsam sein, da ja alles Bedeutungslose gelöscht worden war. Auf diese Weise filterte die negative Rasterfahndung »aus einem Abgleich von Suchkriterien mit einer unbewerteten Datenmenge durch aufeinanderfolgende Sortiervorgänge die im Augenblick relevanten Daten heraus«.[37]

Im Fall der Suche nach RAF-Terroristen erstellte das BKA zunächst eine Liste von Kriterien, die in großen Dateien, über die das BKA oder irgendein anderes Amt verfügte, vorhanden sein konnten. Die Annahmen waren einfach. Konspirative Wohnungen mußten sich erstens durch Stromrechnungen ausweisen, die bar bezahlt wurden, denn eine Überweisung durch ein Girokonto hätte eine überprüfbare Identität des Kontoinhabers vorausgesetzt. Zweitens waren Mieter von konspirativen Wohnungen kaum polizeilich gemeldet, hatten keine gemeldeten Personenwagen und bezogen kein Kindergeld. »Bei dieser Ausgangslage kann die Datei mit den Daten der barzahlenden Stromkunden mit dem Einwohnermelderegister, also den angemeldeten Personen, abgeglichen werden. Die Daten der Personen, die in üblicher Weise am Zahlungsverkehr teilnehmen und sich polizeilich angemeldet haben, werden ausgeschieden. Übrig bleiben demnach die Barzahler, die polizeilich nicht gemeldet sind. Aus diesem reduzierten Bestand werden die Namen der Kfz-Halter entfernt, ebenso in einem nächsten Schritt die Namen derjenigen, welche Kindergeld beziehen.«[38] Diese stark reduzierte Namenliste konnte nun wiederum mit den Fahndungsdateien des BKA verglichen werden und dann für den eigentlichen Fahndungseinsatz verwendet werden.

Herold war weder mit dem Ansinnen noch mit dem Auftrag zur Terrorismusbekämpfung ins BKA gekommen. Gleichwohl hat der Terrorismus seine ganze Amtszeit als BKA-Chef geprägt. Denn es war ein Leichtes, die Suchmaschine auch auf das Phänomen des Terrorismus anzuwenden, obwohl er Herold wie die Bundesrepublik völlig unvorbereitet traf. Dank PIOS und INPOL konnte das BKA bald schon, und ohne zu flunkern, behaupten, es wisse mehr über die RAF, als die RAF über sich selber wisse.[39] Das war einem systematischen Quellenstudium

Herolds, einer technisch wie organisatorisch hochvernetzten Verwaltung der Daten des BKA und einer massiv verbesserten Mustererkennung seiner Suchmaschine geschuldet. Das polizeiliche Wissen über die RAF war aber auch Ausfluß eines rechnergestützten Melde- und Registrierverfahrens, das man euphemistisch »Beobachtende Fahndung« nannte und das in den siebziger Jahren intensiviert wurde.

Der negativen Rasterfahndung fehlte es gewiß nicht an Raffinesse. Schnell wurde sie berühmter, als es ihre bescheidenen Erfolge eigentlich gerechtfertigt hätten. Vor allem aber markierte sie jene Stelle im Heroldschen Programm, an der sich die Suchmaschine mit einem »fatal error« von ihren gesellschaftspolitischen Intentionen verabschiedete. Während Ende der sechziger Jahre die Suche nach den Mustern der Devianz wissenschaftlich wohlinformierte politische Maßnahmen in Aussicht stellte, erhöhte die auf »pattern recognition« gestützte Systematisierung und Objektivierung der polizeilichen Wissensbestände vor allem die Such- und Zugriffsmöglichkeiten auf Individuen. Verdächtige Personen waren aufgrund ihrer Zugehörigkeit zu einer Gruppe mit spezifischem Devianzmuster erkennbar geworden. In der ersten Hälfte der siebziger Jahre betraf dies bekanntlich die in den spezialisierten Datenbeständen des BKA schnell wachsende Gruppe von Sympathisanten der Baader-Meinhof-Gruppe beziehungsweise der Roten Armee Fraktion, die von einer ständig wachsenden Bespitzelungstätigkeit der »Beobachtenden Fahndung« erfaßt wurden.

Die Suchmaschine und der Terror haben sich wechselseitig über längere Zeit hinweg operativ stabilisiert, und es waren die Ereignisse des Deutschen Herbstes, die die Faszination der kombinierten Suche nach objektspezifischen und gesellschaftlichen Mustern in das Schreckensszenario eines Überwachungsstaates kippen ließen. Die intensivierte Kontrolle und Überwachung von Angehörigen einer Verdachtsgruppe erzeugte ein kollektives Phantombild, einen Steckbrief für Tausende, der jederzeit für massenhafte Alibiüberprüfungen sowie für die individuelle Ausschreibung zur Fahndung konkretisiert werden konnte, je nachdem, wie sich die Muster in den Dateien der »Beobachtenden Fahndung« gerade veränderten.

Die Gründe für die zunehmend negativ konnotierte Einschätzung der kybernetisierten Polizei sind einigermaßen komplex und dürften nicht zuletzt im Versagen der rechnergestützten Polizeiarbeit während der Schleyer-Entführung zu suchen sein. Besonders auffällig ist, daß es in der zweiten Hälfte der siebziger Jahre eine Konvergenz in der Ablehnung technokratisch-polizeilicher Verfahren sowohl auf der linken wie auf der rechten Seite der politischen Skala der BRD gab. In diesem Zusammenhang ist an die Tonbandnachricht zu erinnern, die der von der RAF entführte Hanns Martin Schleyer an den damaligen Oppositionsführer Helmut Kohl gerichtet hat. Der Satz: »Ich bin nicht bereit, lautlos aus diesem Leben abzutreten, um die Fehler der Regierung, der sie tragenden Parteien und die Unzulänglichkeit des von ihnen hochgejubelten BKA-Chefs zu decken« – war ein persönliches und politisches Statement in einer Situation, die »politisch nicht mehr verständlich« war. Man könne sich »nicht nur auf den Computer verlassen, man muß den Computer durch menschliche Gehirne speisen, wenn man von ihm richtige Erkenntnisse erwartet«, gab Schleyer zu bedenken.[40] Er übte damit bitterböse, konservative Kritik an Herolds technokratischen Verfahren. Die kybernetische Anlage des BKA erwies sich in den Augen Schleyers eben gerade deshalb als unzuverlässig und unmenschlich, weil es im (SPD-dominierten) BKA schlicht keine Gehirne (will heißen: charismatische, intelligente Persönlichkeiten mit überragenden Führungsqualitäten) gebe, die die Maschine richtig zu füttern verstünden.

Schleyers Technokratiekritik, die er im »Volksgefängnis« formulierte, muß mit jener der RAF wenigstens teilweise kompatibel gewesen sein, denn schließlich standen die Nachrichten Schleyers an die bundesrepublikanische Öffentlichkeit unter sorgfältiger Kontrolle seiner Entführer. Schleyer und die RAF waren sich, wenn auch aus völlig unterschiedlichen Gründen, in ihrer negativen Einschätzung der Leistungsfähigkeit einer kybernetisierten Polizei einig, und Kohl würde nicht zögern, diese Kritik an den von Helmut Schmidt geleiteten Bonner Krisenstab weiterzuleiten. Was zu diesem Zeitpunkt weder die RAF noch das BKA, weder Kohl noch Schmidt, weder Schleyer noch Herold wußten, war der Umstand, daß Herolds Verfahren der negativen Rasterfahndung eben seinen größten Erfolg um Haaresbreite verpaßt hatte. In einer der düstersten Phasen der bundesrepublikanischen Geschichte, in der die politische Realität auch wachen Köpfen wie Hans Magnus Enzensberger nur noch als »Kuddelmuddel«[41] erschien, in der sich Systematik und operative Hektik gegenseitig lahmlegten und Prävention längst in Überwachung umgeschlagen hatte, war ganz einfach ein polizeilicher Meldezettel untergegangen.[42] Dieser hatte auf die Adresse einer Wohnung hingewiesen, die zum Muster konspirativer Wohnungen paßte und tatsächlich mit dem Aufenthaltsort von Hanns Martin Schleyer und seiner Entführer identisch gewesen wäre.

Herolds Suchmaschine hatte Dickopfs unübersichtliche Aktenschränke zwar durch leistungsfähige Dateien, Rechner und Programme ersetzt, aber sie geriet wegen gefüllter Zwischenablagen und überlasteter Informationskanäle ins Stocken. Die

Utopie einer »kybernetisch gesteuerten, störungsfreien Gesellschaft«, in der sozialwissenschaftlich kompetente Polizisten »anhand von empirisch gewonnenen Daten am mathematischen Simulationsmodell den gesellschaftlichen Gesamtprozeß antizipatorisch durchspielten«, war Ende der siebziger Jahre nicht am massenhaften Protest der zunehmend überwachten Bürger gescheitert. Wie Hans Magnus Enzensberger zuhanden des *Kursbuches* und des *Spiegels* vermutet hatte, scheiterte der sozialdemokratische Sonnenstaat mit seinen »allwissenden und aufgeklärten Hohepriestern des Orakels von Wiesbaden« im operativen Bereich an der »Erosion mit ihren vier langsamen, unwiderstehlichen Reitern, die da heißen Gelächter, Schlamperei, Zufall und Entropie«.[43] Die RAF, die Herolds Programm einer auf Prävention ausgerichteten kybernetisierten Polizei zunächst einfach durchkreuzt hatte,[44] stabilisierte die Legitimationsbasis der Heroldschen Suchmaschine bis zum Deutschen Herbst und beschäftigte sie bis zur Erschöpfung ihres Personals. Herolds Suchmaschine war gerade dadurch aber weit von ihrem ursprünglichen Programm abgekommen und hatte die präventiv motivierte Suche nach den Mustern der Kriminalität ersetzt durch eine auf »pattern recognition« im weitesten Sinne gestützte, aber repressiv motivierte Fahndung nach Verdächtigen. 1979, als Enzensberger den Versuch unternommen hatte, »einem New Yorker Publikum die Rückschläge der deutschen Demokratie zu erklären«, erschien auch Jochen Bölsches Buch über den Weg der Bundesrepublik in den Überwachungsstaat. Es dokumentierte die Angstliebe der Linken zum Überwachungsstaat, ohne die Haßliebe der Rechten zum Gespenst der Subversion thematisieren zu können. Lange vor dem Orwell-Jahr und lange vor dem rechnergestützten »profiling« der heutigen Suchdienste war der Überwachungsstaat ein politisches Schreckensszenario, das mit Herolds einstigem Programm so gut wie nichts zu tun hatte und dennoch als seine greifbare Folge bezeichnet werden muß.[45]

Die Suche nach der Form: Edgar F. Codd

Unbelastet von Überwachungsängsten und terroristischen Bedrohungsszenarien, weit ab von der unterhaltungsindustriellen Betriebslogik der Fernsehanstalten und in sicherer Distanz zu den Aktenbergen bundesrepublikanischer Bürokratien, skizzierte Edgar F. Codd 1969 im kalifornischen San José eine Suchmaschine von präzedenzloser Radikalität. Gewiß, auch ihm ging es um die Lösung von Zuweisungsproblemen, um die Verknüpfbarkeit von Daten und um die Flexibilisierung von Suchmöglichkeiten. Aber die Frage nach dem Normalen und dem Devianten oder der Unterschied zwischen Repression und Prävention brauchten ihn bei seiner Papierarbeit nicht zu stören. Weder Polizisten noch Politiker, weder Prominente noch Professionisten, weder Banditen noch Programmbeauftragte des öffentlichen Rundfunks kreuzten seinen Weg. Sein Publikum war ein exklusiver Club von Computerspezialisten, und sein Ziel war die Entwicklung einer Datenbanktechnologie, mit der sich im Prinzip alle Datenbestände untereinander verknüpfen und alle denkbaren Zusammenhänge eruieren ließen. Dafür mußte er sich auf die Suche nach einer allgemeinen Form sowohl für die Speicherung wie auch für die Abfrage der Daten machen.

Als 1970 ein erstes Ergebnis seiner gründlichen Denkarbeit unter dem Titel *A Relational Model of Data for Large Shared Data Banks* veröffentlicht wurde, wirbelte es einigen Staub auf und stieg innerhalb kürzester Zeit zum wichtigsten Referenzpunkt für eine ganze Entwicklergemeinschaft auf, die sich dem Programm verschrieben hatte.[1] Programmatisch war bereits der erste Satz des Artikels: »Future users of large data banks must be protected from having to know how the data is organized in the machine (the internal representation).«[2] Die bevorstehenden Veränderungen der Zirkulationsbedingungen des Wissens, davon ging Codd aus, machten es notwendig, die Kompetenzen der involvierten Akteure des Wissens neu festzulegen. So werde der zukünftige Betrieb von großen Datenbanken neue Anwendergruppen hervorbringen, die man davor zu schützen habe, die interne Organisation und Repräsentation der sie interessierenden Wissensbestände kennen zu müssen. Codds Forderung nach einem selektiven Wissensschutz war dem Umstand geschuldet, daß Abfragen komplexer Datenbanken sich sehr schnell zu anforderungsreichen Aufgaben entwickelten, die nur mit den ausgefeilten Kenntnissen eines professionellen Programmierers zu lösen waren. Denn große Datenbanken unterstanden einem ständigen Wandel der Datenrepräsentation, ihre Informationen mußten aktualisiert, ihre Bestände erweitert und ihre Architektur verändert werden.[3] Herkömmliche, hierarchisch aufgebaute Datenbanken hatten den Nachteil, daß die Zugangswege zur Information in ihren Speicherstrukturen vordefiniert waren und neue Abfragen sich gezwungenermaßen entlang dieser Pfade bewegen mußten. Ohne eine genaue Kenntnis über den Verlauf der Pfade ließen sich neue Abfragen gar nicht durchführen. Codd versprach, mit einer relationalen Datenbankstruktur einen stark erweiterten, informationstechnisch inkompetenten, aber abfragetechnisch urteilssicheren Kreis von zukünftigen Nutzern zu bedienen.[4] Dadurch, daß sie sich nicht mehr um die Speicherungsform von Daten kümmern müßten, würden sich die Nutzer um so besser auf die immer flexiblere Abfrage von Daten konzentrieren können. Fachleute bräuchten sie dafür nicht mehr. Im Gegenzug würden die Programmierer für eine verläßliche Ablage und Verfügbarkeit, d. h. für die Organisation und Repräsentation der Daten zu sorgen haben – und wären damit ihrerseits vor den immer spezielleren Abfragewünschen der Datenbanknutzer geschützt.

Codd mußte also die Schnittstelle zwischen Nutzer und Daten bearbeiten, mußte eine mathematisch befriedigende, für alle Maschinen und Plattformen sowie für alle Nutzer und alle Daten gültige Form für zukünftige Suchprozeduren finden. Er konzipierte dabei nicht nur eine Suchmaschine mit generalisierbarer Anwendung, sondern veränderte auch die Möglichkeiten und Bedingungen, unter denen rechnergestützte Suchprozeduren ablaufen konnten. Eine herkömmliche Suche ortete in einem vorstrukturierten Datenraum ein bestimmtes Objekt oder eine ganze Liste von Werten. Sie war insofern überraschungsfrei, als die Anwesenheit der gesuchten Objekte vorausgesetzt werden konnte. Codds Suchmaschine sollte im Vergleich dazu wesentlich ergebnisoffener funktionieren. Die Nutzer seiner Suchmaschine brauchten nicht zu wissen, wie der Datenraum aufgebaut, wie er strukturiert war und was er genau enthielt. Sie konnten die Datenbank als Black Box behandeln, an die sich auch Fragen richten ließen, deren Beantwortbarkeit bislang nicht getestet worden war. Damit fand auf der User-Seite der Datenbank ein Übergang von der gezielten Suche nach Einträgen hin zur Recherche als einer ergebnisoffenen Abfrage, also ein Übergang zur rechnergestützten Befragung des Orakels statt – lange bevor *Oracle* zum führenden Datenbankunternehmen aufgestiegen ist.

Die von Codd vorgesehene neue Arbeits- und Gewaltenteilung zwischen Programmierern und Nutzern war an große softwarearchitektonische Veränderungen gebunden, die sich zunächst nur theoretisch abschätzen und mathematisch formulieren ließen. Codd machte es sich darum erstens zur Aufgabe, eine einfache und allgemeine Organisation der Daten in Tabellen zu entwickeln, die sich über Schlüssel untereinander verbinden ließen. Zweitens war ein Verwaltungsinstrument für die konsistente Veränderung von Einträgen und die Erweiterung der Datenbank zu bauen. Und drittens galt es, eine Abfragesprache zu schaffen, die mathematischen Ansprüchen genügte und dennoch möglichst nahe an der natürlichen Sprache jener Nutzer lag, die keine Kenntnisse im Programmieren hatten. Daß für diese Liste von Aufgaben mehr als ein Artikel Codds notwendig war, versteht sich von selbst. Allein die Klärung des Modells, seiner Vor- und Nachteile sowie der Differenzen zu konkurrierenden Entwürfen nahm mehrere Jahre intensiver Diskussionen in Anspruch. Die Suche nach der allgemeingültigen Form für Datenbanken und für Abfragesprachen gestaltete sich äußerst aufwendig.

Je konkreter Codds Modell beschrieben werden konnte, desto größer wurde die Verunsicherung unter jenen Datenbankspezialisten, die bis in alle Details mit herkömmlichen Modellen vertraut waren. Der Widerstand nahm zu, und die Konfusion, die sich aus der Gleichzeitigkeit verschiedener Systementwürfe und aus den damit verbundenen unterschiedlichen Zukunftsvorstellungen ergab, war beachtlich.[5] Verwirrt und beunruhigt waren insbesondere jene, die an der privilegierten Rolle des Programmierers festhalten wollten und ihn weiterhin als professionellen Navigator durch die Gewässer komplexer Datenbestände verstanden.[6] Codd verwies dagegen immer wieder auf die Eleganz seines Modells und betonte, daß es Daten ausschließlich in ihrer »natürlichen Struktur« enthalte und nicht auch noch mit Angaben zur physischen Speicheradresse oder mit Indices und anderem »Repräsentationsmüll« belastet sei.[7] Damit wollte er die mathematischen und softwarehygienischen Vorzüge seines relationalen Modells belegen und brachte jene Datenbankspezialisten in Rage, für die Pointers, Indizes und feste Pfade alles andere als verwirrende Stördaten, sondern gerade die Garanten einer effizienten Datenbankabfrage darstellten.

Der Streit um das Adressierungsproblem in Datenbanken war von fundamentaler Tragweite. Nicht weniger grundsätzlich war der Streit über den zukünftigen Nutzer angelegt. Über eine zweite rhetorische Angriffslinie hob Codd nämlich die Vorteile für den technisch ungebildeten Nutzer, also für die Hausfrau und den Manager, hervor und behauptete damit indirekt, die erweiterten Nutzermärkte der Zukunft könnten nur von seinem relationalen Datenbankkonzept erobert und bedient werden.[8] Für jeden Datenbankspezialisten der frühen siebziger Jahre, der bislang all seine Programmierkünste in den Dienst einer Ressourcen schonenden, effizienten Abfragetechnik gestellt hatte, war das ein Horrorszenario.

Der Konflikt erreichte seinen Höhepunkt an einer von der *Association for Computing Machinery* 1974 organisierten Konferenz.[9] Codds prominentester Opponent war der ein Jahr zuvor mit dem Turing Award ausgezeichnete Charles W. Bachman. Das Protokoll ihrer großen Auseinandersetzung spiegelt eine angestrengte Diskussion, die ständig außer Kontrolle zu geraten drohte. Bereits in seiner zweiten Wortmeldung machte Codd klar, daß die Differenzen enorm waren. Soweit er sehe, bestehe im relationalen Modell die Aussicht auf eine präzise Logik der Abfragesprache, während man in herkömmlichen Datenbankmodellen weit von den Semantiken zukünftiger Nutzer entfernt sei. Man könne ihn gerne korrigieren, falls seine Einschätzung falsch sein sollte.[10] Korrigiert wurde er daraufhin so oft, daß er sich gegen Ende der Debatte sogar gegen die Unterstellung glaubte wehren zu müssen, sein relationaler Zugang habe fundamentalistische Züge.[11] Tatsächlich offenbarte die Debatte zwischen Codd und Bachman über weite Strecken so grundsätzliche Differenzen, daß der wechselseitige Fundamentalismusverdacht nicht von der Hand zu weisen war. Die Diskussionen blieben von Mißtrauen und gegenseitiger Skepsis geprägt. Selbst dort, wo Codd den Versuch unternahm, die Gegensätze etwas sorgfältiger zu sortieren und die Polemik auf ein erträgliches Maß zu reduzieren, glaubte Bachman noch immer, mit Sicherheit eine Finte erkennen zu können.

Codds Erläuterungen verbesserten das Diskussionsklima nicht, zumal er nur wenige Gelegenheiten ungenutzt ließ, im offenen Schlagabtausch Punkte zu machen. Seitenhiebe wie »I am rather surprised by your military, that is, hierarchical approach to security«[12] waren keine Seltenheit. Immer wieder wurde das Recht des Nutzers gegen die Dominanz des Programmierers ausgespielt. Unter diesen Bedingungen mußte die Debatte ohne erkennbare Lösung enden. Klar war nur, daß es bei Bachman um den zielorientierten, gut kontrollierten Einsatz technischer Ressourcen, bei Codd um ein größtmögliches Angebot an Deutungsautonomie für eine zunehmend heterogene Nutzergemeinschaft ging. Die Frage nach Einschränkung und Erweiterung des Datenbankzugriffs, das Verhältnis zwischen Kontrollmacht der Programmierer und Abfrageflexibilität der Anwender sowie der Trade-off zwischen technischer Performanz und mathematischer Eleganz waren weitere Themen, mit deren Hilfe sich die Fronten zwischen den beiden Lagern stabilisieren ließen. Bachman selber hat später weder seine Skepsis gegenüber relationalen Datenbanken revidiert (»I'm still sceptical«)[13] noch Codd angesichts des ökonomischen Erfolgs seines Konzepts *ex post* recht gegeben. Vielmehr hat Bachman darauf hingewiesen, daß hinter den beiden zerstrittenen Parteien halt einfach zwei mächtige Konkurrenten gestanden hätten – IBM auf Codds, Honeywell auf Bachmans Seite.[14]

Diese triviale Erklärung der Auseinandersetzung als Stellvertreterkrieg greift insofern zu kurz, als sowohl IBM als auch Honeywell herkömmliche, hierarchische Datenbanksysteme im Angebot hatten. Die Gegensätze zwischen den beiden Lagern waren informationskultureller Natur. Illustrieren läßt sich dies auch anhand der beruflichen Laufbahnen der beiden Protagonisten der Auseinandersetzung. Da stand auf der einen Seite der Ingenieur »Charlie« Bachman, der als Macher den praktischen Übergang eines Industriebetriebs ins Computerzeitalter schon bei General Electrics mitgestaltet hatte. Sein Interesse galt funktionierenden Systemen mit pragmatischen Problemlösungen. Kosteneffizienz mußte auch beim Betrieb eines Rechenzentrums das oberste Ziel bleiben. Und das wiederum hieß nichts anderes, als Datenbanken so zu betreiben, daß sie möglichst nahtlos mit den Anwendungsprogrammen interagieren konnten. Dafür mußte man als Programmierer sowohl die Daten als auch die Anwendungen möglichst genau kennen und unzählige Tricks anwenden, um ihr prekäres Zusammenspiel vor dem Zusammenbruch zu bewahren.[15]

Auf der anderen Seite agierte der britische Mathematiker Edgar Frank »Ted« Codd, der nach dem Kriegsdienst für die Royal Air Force bei IBM in New York gearbeitet hatte. Während der McCarthy-Ära wanderte er nach Kanada aus. Nach seiner Rückkehr in die USA studierte er an der University of Michigan, erwarb dort einen Ph.D. und wechselte anschließend 1967 in die geschützte Werkstatt des IBM Forschungslabors im kalifornischen San José. Für Codd mußten Datenbanken mathematisch beschreibbar sein, die dazugehörige Theorie schön und einfach bleiben.[16]

Bachman und Codd verkörperten den Gegensatz zwischen dem Techniker und dem Akademiker beziehungsweise zwischen dem Pragmatiker und dem Theoretiker. Ihre Vorstellungen darüber, wer in Zukunft mit Datenbanken hantieren sollte, wer sie zu konstruieren, zu unterhalten, zu überwachen und zu nutzen hatte, verliefen diametral zueinander. Dieser Unterschied zeigt sich bereits in ihrer Einschätzung der Figur des zukünftigen Nutzers. Während technisch versierte Nutzer ihre Suchanlagen selber revidieren können, sind technisch unerfahrene Anwender darauf angewiesen, daß sich ihnen die Maschine als Black Box präsentiert. Von Technikern bediente Suchmaschinen können jederzeit verbessert und ergänzt werden; Systeme, die von Managern und anderen »casual users« bedient werden, müssen hingegen stabil laufen. Während sich Bachman für die mit entsprechendem Fachwissen jederzeit auf spezifische Anwendungen optimierbare Suchmaschine stark machte, setzte sich Codd für ein solide gebautes, aber multifunktionales Datenbanksystem ein, das möglichst vielen Nutzern als Suchmaschine dienen konnte.

Um die Mitte der siebziger Jahre waren die zentralen Begriffe für Codds Modell – »the simplest possible general-purpose data structure« – geklärt und stabil verfügbar geworden.[17] Die Charakteristika einer relationalen Datenbank ließen sich knapp zusammenfassen. Alle Daten eines relationalen Datenbanksystems müßten durch ein zusammengehörendes Set von klar bezeichneten Tabellen, sogenannten Relationen, dargestellt werden können. Innerhalb jeder Relation gebe es eindeutig bezeichnete Spalten. Die Ordnung der Reihen spiele keine Rolle, aber jede Reihe stelle ein adressierbares Element der von der Relation beschriebenen Entität dar. Sie müsse von andern unterscheidbar sein und dürfe nur einmal vorkommen. Zusätzlich habe jede Relation eine Spalte, die als Primärschlüssel bezeichnet werde.[18] Radikaler hätte man die Herrschaft der Tabelle nicht beschreiben können. Sie legte eine Objektivierungsstrategie fest, die nicht nur den Datentyp, sondern auch die Datenstruktur betraf, und brachte alles, was abfragbar gemacht werden sollte, in das rigide Format von Zeilen und Spalten, »indem sie die Erhebungsdaten in ihre elementaren Bestandteile zerlegte, sie strukturierte und vereinheitlichte, um sie so erst als In-Formation zu organisieren«, wie Markus Krajewski festgehalten hat.[19]

Auch was »data independence« theoretisch hieß, war in den Diskussionen der frühen siebziger Jahre, gerade in der Auseinandersetzung mit den Anhängern der prozeduralen Datenbankarchitektur, klar geworden. Was das von ihr verfolgte Ziel einer erhöhten »user independence« allerdings erforderte, zeigte erst die konkrete Entwicklungsarbeit. Zwischen 1974 und 1979, also während rund sechs Jahren, wurde am IBM-Forschungslaboratorium im kalifornischen San José an einem Projekt gearbeitet, das später als »System R« bekannt geworden ist.[20] Das Entwicklungsprogramm, das hier durchlaufen wurde, war zunächst vollständig auf den zukünftigen User von relationalen Datenbanken, insbesondere auf die Figur des computertechnisch unbedarften, aber informationshungrigen Managers, ausgerichtet.

In einer ersten Phase wurde in den Jahren 1974 und 1975 eine »Structured English Query Language« (SEQUEL) entwickelt, mit der ein zukünftiger Nutzer seine Abfragen an einem interaktiven Terminal formulieren konnte.[21] Die neue Suchmaschine sollte mit einer Abfragesprache ausgerüstet werden, die sich an der englischen Umgangssprache orientierte und deshalb auch von Buchhaltern, Ingenieuren, Architekten und Stadtplanern gelernt werden konnte. Große Bedeutung wurde dabei dem »human factor« beigemessen, und es wurden verschiedene experimentelle Studien zur Lernbarkeit und zur Nutzbarkeit des Systems durchgeführt. In der zweiten Projektphase (1976 und 1977) ging es darum, das System für mehrere, gleichzeitig arbeitende Nutzer umzubauen und die vorhandene SQL so anzupassen, daß sie auf verschiedenen Systemen angewendet werden konnte. Nutzer, die mit den Programmiersprachen PL/I und Cobol vertraut waren, sollten die gleichen Möglichkeiten haben und die gleiche Syntax verwenden wie die sogenannten »ad hoc query users«.[22] 1978 und 1979 wurden dann im Konzern und bei drei Kunden Tests im Betrieb durchgeführt und die Erfahrungen der Anwender evaluiert.

»System R« war zweifellos ein großes Experiment der IBM, das eine demonstrative Nutzerorientierung an den Tag legte. Der Bau von »user friendly interfaces«[23] sowie eine konsequente Modularisierung des Systems waren die wichtigsten Strategien, mit denen man die Projektziele zu erreichen suchte.[24] Die Arbeit an der Unabhängigkeit von Daten und Nutzern bereitete den Entwicklern aber viel Kopfzerbrechen. Während die Abfragesprache in ihrer zweiten Version recht gut zu funktionieren schien, kämpften die Entwickler von »System R« nach wie vor mit der Frage, wie sie einen funktionalen Ersatz für die in prozeduralen Datenbanksystemen verwendeten Zusatzinformationen über die Strukturierung der Daten bereitstellen konnten, ohne die Anwender in irgendeiner Weise damit zu belasten. Auch das für Bachman zentrale Problem der Performance – der Betrieb einer relationalen Datenbank setzte eine gewaltige Speicher- und Verarbeitungskapazität voraus – war kaum aus der Welt zu schaffen. Ein wichtiger Schritt zur Lösung war das von Rudolf Bayer und Edward M. McCreight bereits 1972 vorgestellte Konzept der B-Bäume, mit deren Hilfe man die gespeicherten Daten wesentlich effizienter indexieren konnte. Dadurch ließen sich die bei einer Abfrage zu erwartenden Schreib- und Lesevorgänge um eine Größenordnung reduzieren, ohne deshalb die Datenstruktur an die Abfragemöglichkeit koppeln zu müssen.[25]

Zwar wurde während der Entwicklung von »System R« stets der experimentelle Status des Projekts als »feasability study« betont.[26] Dennoch hatte das Projekt eine stattliche Zahl von Mitarbeitern und wurde in einer großen, funktional ausdifferenzierten Gruppe bearbeitet.[27] Innerhalb von IBM war »System R« also deutlich mehr als das Hobby einiger weniger Entwickler. Besonders auffällig ist, daß IBM sehr eingehende Beschreibungen der Entwicklungsarbeiten an »System R« zuhanden der Technikercommunity publizierte. Das konnte nur heißen, daß der Status von »System R« innerhalb von IBM besser war, als es Codd gerne dargestellt haben wollte. Weil dem Projekt noch keine strategische, sprich: kommerzielle und damit geheime Bedeutung zukam, durfte es mit der Unterstützung von außen rechnen – die »System R«-Publikationen waren Einladungen zum Mitdenken. Ganz offensichtlich suchten die »System R«-Entwickler Gesprächspartner in andern Entwicklungszentren außerhalb von IBM und fanden sie ab 1975 auch tatsächlich in der näheren Umgebung, nämlich an der University of California in Berkeley, wo unter der Leitung von Michael Stonebraker und Eugene Wong seit 1973 ebenfalls an einem Prototypen für ein relationales Datenbanksystem gearbeitet wurde. Es ist nicht weiter erstaunlich, daß Informatiker an einer Universität die Anregungen Codds aufgenommen haben, waren seine Ideen doch in den frühen siebziger Jahren genau in jenem mathematisch interessanten, vorkommerziellen Bereich angesiedelt, der eine akademische Beschäftigung rechtfertigte.

Trotz der von beiden Teams geteilten Faszination für die neue relationale Suchmaschine und der Suche nach ihrer allgemeingültigen Form hätten die Bedingungen der beiden Projekte in Berkeley und in San José unterschiedlicher nicht sein können: Akademische Beweglichkeit auf der einen, professionelle Projektmanagementkultur auf der anderen Seite. Hier ein schlanker PDP-11 Rechner auf noch wackliger UNIX-Basis, dort die mächtigen IBM 370 Mainframes mit hochstabilen Betriebssystemen.[28] Eine ständig wechselnde studentische Mitarbeiterschaft in Berkeley – »a collection of goofy academicians«[29] – stand den geregelten Anstellungsverhältnissen erfahrener Programmierer und Projektmanager in San José gegenüber. Stonebrakers auffällig ironische Selbstdarstellung des INGRES-Projekts in Berkeley steht in scharfem Kontrast zum betont seriösen Publikationsstil jener IBM-Ingenieure, die sich mit »System R« beschäftigten. Allein die Beschaffung eines Rechners und der Projektmittel, aber auch der schnelle Wechsel der am Projekt beteiligten Studenten bereiteten Stonebraker und Wong große Schwierigkeiten.

Beide Teams betrieben einen großen Aufwand bei der Entwicklung einer »high-level search and query language«. Dies war für die Zukunft des relationalen Modells von entscheidender Bedeutung, denn von der Nutzerfreundlichkeit dieser Abfragesprache hing die Erweiterung der technisch nichtversierten Nutzergemeinde ab. Mit der in Berkeley entwickelten Abfragesprache QUEL und mit den aus San José stammenden Abfragesprachen ALPHA, SQUARE, SEQUEL und SQL verfolgte man das große Ziel der User und »data independence« und gab einem neuen Typ von Datenbankbenutzer ein mächtiges Instrument in die Hand. Dabei hatte man ständig jenen Manager im Kopf, der einzelne Maßnahmen durchführen, komplexe Prozesse analysieren und ganze Szenarien simulieren wollte. Gerade hinsichtlich ihrer Simulationsofferten war die Coddsche Suchmaschine von präzedenzloser Radikalität. Bei Lembke tat man während des Fragespiels einfach so, als kenne man die ganz normale Zuweisung zwischen Person und Beruf nicht, und versuchte sie im Verlauf der Sendung zu stabilisieren. Zimmermanns

Suchmaschine wiederum simulierte mit ihren Spielfilmen zu den einzelnen Fällen lediglich die Zeugenschaft der Zuschauer. Selbst Herold nutzte die Simulationsmöglichkeiten seiner Suchmaschine eigentlich nur dort, wo er aus der kriminalgeographischen Repräsentation seiner Daten mögliche Einsatzformen der Polizeikräfte ableiten wollte. Mit Codds Suchmaschine aber sollten Datenbanken immer und jederzeit hinsichtlich unbekannter Zusammenhänge und neuer Verknüpfungen befragt und daraus ganz verschiedene Berichte und Szenarien hergestellt werden können.

Das weitaus überzeugendste Beispiel für die präzedenzlose Macht sowohl einer »high-level search and query language« im speziellen wie dem relationalen Datenbankmodell im allgemeinen findet sich in einem Artikel von Stonebraker aus dem Jahre 1976, aus einer Zeit also, in der die Arbeiten an Relationalität quer zur Bay Area auf Hochtouren liefen. Stonebrakers Beispiel war folgendes: Man stelle sich ein Unternehmen vor, das mit zwei Relationen beschrieben werden kann. In einer ersten Relation oder Tabelle »EMP«, wie sie typischerweise in der Personalabteilung einer Firma geführt wird, finden sich Angaben zum Namen, zur Abteilung, zum Gehalt, zum Vorgesetzten und zum Alter der Angestellten. In einer zweiten, davon unabhängigen Tabelle »DEPT« der Raumverwaltungsabteilung wird die Zuweisung der Abteilungen auf die verschiedenen Geschosse im Gebäude des Unternehmens festgehalten. Die beiden Relationen enthielten also folgende Variablen:

EMP (NAME, DEPT, SALARY, MANAGER, AGE)

DEPT (DEPT, FLOOR#)

Eine dreizeilige QUEL-Abfrage eines mit der Restrukturierung des Unternehmens beauftragten Managers hätte nun wie folgt lauten können:

```
RANGE OF E IS EMP
RANGE OF D IS DEPT
DELETE E WHERE E.DEPT = D.DEPT AND D.FLOOR# = 1
```
Geändert hätte sich dabei die Relation EMP und damit ein An-stellungsverhältnis. Als betriebswirtschaftliche Handlungsan-weisung entsprach diese Operation folgendem Klartext: »Fire everybody on the first floor.«[30] Die zynische Empathie, welche das INGRES-Team mit diesem Beispiel für die Rolle eines Ma-nagers an den Tag legte, ist wohl nicht zu übertreffen. Etwas feinfühliger lautete die Abfrage, welche das »System R«-Team bereits ein Jahr zuvor in SEQUEL aufgeschrieben und publiziert hatte:

```
SELECT      NAME
FROM        E IN EMP
WHERE       SAL >
      SELECT SAL
      FROM EMP
      WHERE MNO = E.MGR;;
```

Die dazugehörige Frage in der realexistierenden Managerwelt lautete: »Find names of employees who earn more than their manager.«[31]

Beide Fragen denken sich in einen neuen Datenbanknutzer hinein, versuchen ihn durch die Attraktivität der leistungsfähi-gen Abfragemöglichkeit zu gewinnen und illustrieren die Art und Weise, wie relationale Datenbanken auch in kürzester Zeit Antworten auf Fragen liefern können, die sich nicht hätten an-tizipieren lassen. Daß solche, quer zu den bereits erfaßten Daten eines Unternehmens gestellte Fragen insbesondere Manager an-sprachen, versteht sich von selbst. Denn Manager mußten seit den guten alten Zeiten des Scientific Management mit möglichst großer informationstechnischer Raffinesse Zusammenhänge aufdecken beziehungsweise konstruieren, die quer zur organisatorischen Struktur eines Unternehmens verliefen und deshalb nirgends in speziell angefertigten Tabellen erfaßt waren.

Die Arbeiten an der relationalen Datenbank erweckten alte Hoffnungen zu neuem Leben. Bereits in den sechziger Jahren hatten Unternehmensberater damit gerechnet, in absehbarer Zeit über ein leistungsfähiges »Management Information System« verfügen zu können. In einem einzigen Topf sollten all jene Informationen gesammelt werden, die bisher aus einer Vielzahl verstreuter Berichte, Formulare und Memoranden mühsam zusammengesucht werden mußten. Manche träumten sogar von einer zukünftigen elektronischen Datenbank als einem Pool von Informationen, aus dem ganz unterschiedliche Berichte gezogen werden könnten.[32] Ein Unternehmen würde wie ein offenes Buch vor den Augen seiner Manager liegen. Dafür sollten die Manager nicht Computer- oder gar Programmierkurse belegen müssen. »Der Computer kann nützlich sein, aber nur, wenn wir ihm die Fragen stellen, auf die es ankommt. Das ist die Aufgabe des Managements, und die Wissenschaft hilft uns dabei, diese Fragen zu präzisieren«, hatte Alfred Eisenpreis 1966 an einer Tagung über Wissenschaft und Handel festgehalten. »Das Management soll nur wissen, welche Fragen zu stellen und wie die Antworten zu bewerten sind«, sagte der prominente Betriebswissenschaftler.[33] Der Traum vom Computer als einem mächtigen Instrument des Managements, das nur noch kluge Fragen an ein großes Reservoir von Daten zu stellen hatte, schien seit den frühen siebziger Jahren dank der Entwicklungsarbeit an relationalen Datenbanken Wirklichkeit werden zu können.

Eine neue Suchmaschine war im Entstehen begriffen, auf deren Grundlagen ganze Softwareimperien aufgebaut werden konnten. Sie verwandelten den Computer von einem schnell rechnenden Rationalisierungsinstrument in eine betriebswirtschaftlich nutzbare Suchmaschine, die sich als Restrukturierungswerkzeug einsetzen ließ. Dank der Vielfalt der Zusammenhänge, die sich mittels rechnergestützter Datenbanksysteme herstellen ließen, steigerte der Rechner nicht mehr bloß die Leistungsfähigkeit der Datenverarbeitungskapazität eines Unternehmens. Durch die Anwendung der neuen »ars combinatoria« der relationalen Datenbanken versprachen Computer nun auch die unternehmensinternen Transaktionskosten zu senken und dank geringerem Analyseaufwand eine gesteigerte Kombinationsvielfalt verfügbarer Ressourcen simulierbar zu machen.

Diese Hoffnungen hegte man nicht nur in den sonnigen Büros der kalifornischen Mathematiker, Tüftler und Programmierer, sondern auch in der industriellen Abteilung der bundesrepublikanischen Realität. Ihre Konkretisierung kam allerdings auf leisen Sohlen und kündigte sich (auf deutsch) zunächst an den Rändern von IBM Deutschland an. 1972 wurde zum Beispiel in den *IBM-Beiträgen zur Datenverarbeitung* ein rechnergestütztes System beschrieben, das »Auftrag, Disposition und Versandsteuerung« im »Realzeitbetrieb« integrierte.[34] Hermann Meier, der Computer Services Manager der ICI Fibres GmbH in Östringen, berichtete zusammen mit den beiden IBM-Ingenieuren Dietmar Hopp und Hasso Plattner aus Mannheim in ihrem ausführlichen Artikel über die Möglichkeit und Notwendigkeit, mit Datenbanktechnologien »die Arbeitsabläufe in den einzelnen Bereichen nicht getrennt zu organisieren, sondern eine integrierte Organisation anzustreben, in der die verschiedenen Aktivitäten, aber auch die Informationen koordiniert zusammenfließen«.[35] Zwischen Produktionsplanung, Lager und Versand bestünden starke gegenseitige Abhängigkeiten, und die zuständigen Abteilungen benützten die gleichen Daten. Meier,

Hopp und Plattner schlugen deshalb vor, einen einzigen Datenpool bereitzustellen, damit dieser in Realzeit abgefragt und bearbeitet werden könne, über die Grenzen der zuständigen Abteilungen hinweg. »Alle erforderlichen Daten sind in *einer* Datenbank gespeichert. Die Auftragseingabe und -disposition sowie zahlreiche Abfragemöglichkeiten werden über Datensichtgeräte realisiert.«[36] Während die herkömmliche manuelle Stapelverarbeitung mit Lochkarten die gewünschte Flexibilität auf Kosten der sofortigen Auskunftsbereitschaft und einer hohen Fehlerrate erzielt habe, sei die rein maschinelle Verarbeitung mit hohen Verzögerungen und geringer Flexibilität verbunden.[37] Die Verarbeitung im Realzeitbetrieb würde nun diese Mängel beheben und vereinigte alle Vorteile der beiden vorgenannten Organisationsformen. Sie führe, so Meier, Hopp und Plattner, zu extrem kurzen Bearbeitungszeiten, höchster Flexibilität, geringerem Personalbedarf und zur »Auskunftsbereitschaft zu jeder Zeit«. Zudem erlaube sie es, bestimmte Fälle durchzuspielen, also in der Disposition mehrere Szenarien zu simulieren.[38]

Der Artikel von Meier, Hopp und Plattner beschäftigte sich zwar mit der rechnergestützten Verwaltung der Polyamid- und Polyesterfaserproduktion der Imperial Chemical Industries (ICI) in Östringen bei Karlsruhe und in Offenbach bei Landau. Aber er hatte unübersehbar programmatischen Charakter. Das Realzeitsystem für die maschinelle Auftragsbearbeitung und Versandsteuerung war »der erste Baustein in dem geplanten, integrierten Gesamtsystem, das in der Endstufe auch die Organisation des Einkaufs, der Materialabrechnung und des Rechnungswesens« umfassen würde. Die Planung für den Ausbau dieses Systems sei abgeschlossen, »mit der Realisierung wurde bereits begonnen«.[39] Das waren prophetische Worte. Der Artikel markierte nichts weniger als den Anfang einer neuen unternehmerischen

Datenbankkultur in der Bundesrepublik – eine Datenbankkultur, die Abfragen in Echtzeit ermöglichte, dialogorientiert war und Nutzer und Daten durch eine Standardsoftware voneinander trennte. Zugleich war der Artikel das programmatische Fundament für jene Softwarefirma, die noch im gleichen Jahr 1972 von einigen IBM-Mitarbeitern – unter anderen auch von Dietmar Hopp und Hasso Plattner – im baden-württembergischen Weinheim gegründet und später in Walldorf zum Softwaregiganten ausgebaut wurde.

SAP hat zwar nie selber Datenbanksoftware hergestellt und konnte die Module ihrer »Enterprise Resource Planning Software« erst Jahre nach der Firmengründung auf jenen relationalen Datenbanksystemen aufsetzen, die von Oracle, Ingres oder IBM im Anschluß an Ted Codds Vorarbeiten entwickelt worden waren. Aber die von SAP angebotenen hochintegrierten Softwarepakete mit ihrem großen Flexibilisierungsversprechen wurden bereits in den achtziger Jahren von Hunderten von Firmen angewendet. Sukzessive übernahmen sie die rechnergestützte Steuerung und Reorganisation großer Unternehmungen und komplexer Bürokratien in aller Welt. Die Kundenliste der Firma liest sich wie ein Reiseführer durch die Wirtschafts- und Verwaltungsgeschichte des späten 20. Jahrhunderts und verbindet baden-württembergische Pharmaunternehmen wie Knoll Ludwigshafen mit internationalen Chemiekonzernen wie Dow Chemicals, deutsche Genußmittelhersteller wie Rothändle mit amerikanischen Suchtmittelproduzenten wie Coca-Cola, oder aber Traditionsgaranten wie das MIT und den FC Bayern München.[40] Die Übersicht, die Datenbanksysteme und SAP-Software auf allen Ebenen der Unternehmensführung gewährten, schuf neue Möglichkeiten der Kombination von Ressourcen. Und die Abbildung unternehmerischer Prozesse im rigiden Format der Datenbank erzeugte jene Flexibilität, die den Übergang von der Überwachung zum Controlling und die Ablösung der Planung durch das Change Management kennzeichnete. Beide gelten heute als Normalfall einer rechnergestützten Unternehmenskultur.

Schluß

Westliche Wachstumsgesellschaften haben sich im letzten Drittel des 20. Jahrhunderts einem neuen Programm der Flexibilisierung von Erwartungen und der situativen Rekombination von Ressourcen verschrieben. Suchmaschinen spielten bei dieser Neuprogrammierung eine bedeutende Rolle – sie stabilisierten problematisch gewordene Zuweisungen, trennten Normales von Deviantem, stellten unerwartete Verknüpfungen her, machten Muster erkennbar oder steigerten die Freiheitsgrade ihrer zunehmend deutungsautonomen Anwender. Sie taten dies exemplarisch oder statistisch, lösten besondere oder allgemeine Verknüpfungsprobleme und verwendeten problemspezifische oder generalisierbare Verfahren. In allen Fällen aber folgten sie einem Programm, das die Ortung adressierbarer Objekte simulieren konnte und damit die Zugriffsmöglichkeiten auf diese Objekte erhöhte.

Die Geschichte der Suchmaschinen ist die Geschichte der Übersichten, die sie erzeugen, der Prioritäten, die sie festlegen, und der Differenzen, die sie schaffen zwischen dem, was dazugehört, und jenem, was ausgeschlossen wird. Ihre Geschichte ist deshalb eminent politisch, weil Suchmaschinen die Aufmerksamkeit ihrer Nutzer regelhaft einschränken – beim Aufbau ihrer Datenräume, bei der Strukturierung ihrer Programme und bei der Präsentation ihrer Resultate.

Der vorliegende Essay hat aus der Vielzahl von Suchmaschinen, die seit den sechziger Jahren des 20. Jahrhunderts entstanden sind und seither unsere Suchkultur bestimmen, vier Beispiele herausgegriffen, die sich über eine dichte Konstellation von Differenzen und Analogien zueinander in Beziehung setzen lassen. Dadurch wurde ein historischer Reflexionsraum geschaffen, der einige wesentliche Eigenschaften von Suchmaschinen evident werden läßt, die für die Herstellung von Übersicht im Zeitalter der Flexibilität von grundlegender Bedeutung sind.

Robert Lembkes Ratespiel wurde als eine Suchmaschine vorgestellt, die im Kontrast zu den brüchigen Identitäten und den unvorhersehbaren Biographien ihres Publikums sichere Zuweisungen zwischen einer Person und einem Beruf generierte. Lembkes Sendung verschob die unendlich komplexe Frage nach dem »Wer bin ich?« hin zur operationalisierbaren Frage des »Was bin ich?«. Das heitere Beruferaten verschrieb sich einer demonstrativen Normalität in Zeiten des rasanten wirtschaftlichen und gesellschaftlichen Strukturwandels und bestimmte den Geltungsbereich des »normal range« von seinen Rändern her. Die konservative Orientierung der Sendung ließ sich mit einem Rateteam inszenieren, das als Repräsentation einer modernen und weltoffenen bundesrepublikanischen Gesellschaft gelten darf. Lembkes Suchmaschine war auf die Reduktion von Komplexität sowie auf die Bestätigung von Erwartungssicherheit ausgerichtet und verfügte während knapp drei Jahrzehnten über ein extrem stabiles Programm.

Eduard Zimmermanns Suchmaschine »Aktenzeichen XY« richtete sich ebenfalls während mehrerer Jahrzehnte an ein Millionenpublikum. Mit einer umstrittenen und populären Kombination von Subjektivierungsangeboten, Skandalisierungsstrategien und Denunziationsaufforderungen stilisierte die Sendereihe den statistisch unbedeutenden, aber emotional spektakulären Kriminalfall, dessen Akte trotz polizeilicher Akribie noch nicht geschlossen werden konnte. Die objektivierbaren Kenngrößen der vorgestellten Fälle wurden dem Publikum, das als »überdimensionaler lebender Computer« bezeichnet wurde, von zuständigen Polizeibeamten präsentiert, in der Hoffnung, brauchbare Erinnerungsspuren zu aktivieren. Der technisch hochgerüsteten, international vernetzten Infrastruktur des Fernsehstudios stand eine Fernsehgesellschaft gegenüber, die als unzuverlässige Datenbank im Modus der Lotterie funktionierte. Der geschäftstüchtige, autoritären Gesellschaftsmodellen verpflichtete Moderator betrieb eine Suchmaschine, die aus polizeilichen Akten bewegende Phantombilder erzeugte und mittels »sachdienlicher Hinweise« das Deviante vom Normalen trennte.

Horst Herolds Suchmaschine dagegen war in ihrer Anlage wissenschaftlich-technokratischen Ansprüchen verpflichtet und suchte nicht nur nach dem Subjekt des Verbrechens, sondern viel grundsätzlicher nach den Mustern der Devianz. Die dezentral organisierte, kybernetisch konzipierte Maschine sollte auf statistisch verläßliche Weise kriminalgeographische Verknüpfungen herstellen und Repression durch Prävention, Befehl durch Steuerung, Erfahrung durch Sachlogik und Hypothesen durch Prognosen ersetzen. Verfügbare Daten über Tathergänge und Täter sollten nicht bloß archiviert werden, sondern dank Systematisierung, konsequenter Ergänzung und sorgfältiger Auswertung Einblicke ermöglichen in bislang unerwartete Zusammenhänge zwischen gesellschaftlicher Entwicklung und krimineller Praxis. Das Projekt einer kybernetisierten Polizei kippte in den späten siebziger Jahren insbesondere im Zusammenhang mit der für die Fahndung nach RAF-Terroristen entwickelten negativen Rasterfahndung in das Horrorszenario des technokratischen Überwachungsstaates, dessen umfassendes Datenmonopol der informationellen Selbstbestimmung diametral entgegenlief.

Auf Edgar F. Codd geht schließlich die vierte hier vorgestellte Suchmaschine zurück. Sie kann als generalisierbares Modell eines Datenbanksystems bezeichnet werden, das die Speicherung von Daten grundsätzlich von der Abfrage trennte und damit den Nutzer vom Programmierer unabhängig machte. Codds relationale Datenbank ermöglichte Abfragen, die von technisch uninformierten, aber informationshungrigen Nutzern durchgeführt werden konnten und in der Struktur des Datenmodells nicht bereits angelegt sein mußten. Die relationale Datenbank und die darauf aufbauenden spezialisierten Informationssysteme wurden zu einem mächtigen Instrument des Managements in industriellen und staatlichen Bürokratien, deren politisch wie ökonomisch gestiegene Anforderungen an flexible Ressourcenallokation sie unterstützten.

Die hier vorgestellten Suchmaschinen waren ganz unterschiedlich programmiert, adressierten völlig unterschiedliche Objekte und stellten sich in den Dienst unterschiedlicher Nutzer. Aber die Programme, die der Suche nach dem Normalen, dem Devianten und dem Muster dienten und dann bei Codd eine generalisierbare Form erhielten, trugen auf je eigene Weise dazu bei, daß programmiertes und technisiertes Suchen in den vergangenen vier Jahrzehnten den Status einer selbstverständlichen Praxis erhalten hat, ohne dabei etwas von seinem einstigen Variantenreichtum verloren zu haben.

Mit Suchmaschinen wurden seit den späten sechziger Jahren Antworten auf die Neue Unübersichtlichkeit gesucht und gefunden. Nur mehr selten stützten sie sich dabei auf utopische Entwürfe, fast nie haben sie große Pläne produziert. Im Zeitalter der Flexibilität waren vielmehr pragmatische Szenarien, also Varianten von Übersichten, gefragt, die eine Praxis der situativen Rekombination ermöglichten. Suchmaschinen gehören seither zu den operativen Grundvoraussetzungen einer neu programmierten Gesellschaft, deren Welt die Datenbank ist.

Anmerkungen

Einleitung

1 Paul N. Edwards, *The Closed World. Computers and the Politics of Discourse in Cold War America*, Cambridge und London 1996; Stuart S. Blume, *Insight and Industry. On the Dynamics of Technical Change in Medicine*, Cambridge / Massachusetts 1992.

2 Horst Herold, »Künftige Einsatzformen der EDV und ihre Auswirkungen im Bereich der Polizei«, in: *Kriminalistik. Zeitschrift für die gesamte kriminalistische Wissenschaft und Praxis* 28 (1974), S. 385-388, hier S. 385.

3 David Gugerli, »Kybernetisierung der Hochschule. Zur Genese des universitären Managements«, in: Michael Hagner und Erich Hörl (Hg.), *Die Transformation des Humanen. Beiträge zur Kulturgeschichte der Kybernetik*, Frankfurt / M. 2008, S. 414-439.

4 Daniel Bell, *The Coming of Post-Industrial Society. A Venture in Social Forecasting*, New York 1973; Peter F. Drucker, *The Age of Discontinuity. Guidelines to Our Changing Society*, New York 1969; Jean-François Lyotard, *Das postmoderne Wissen. Ein Bericht*, hg. v. Peter Engelmann, Wien 1986; Jürgen Habermas, *Legitimationsprobleme im Spätkapitalismus*, Frankfurt / M. 1973; Fredric Jameson, *Postmodernism, or, The cultural logic of late capitalism*, Durham 1991; Gilles Deleuze, »Postskriptum über die Kontrollgesellschaften«, in: Ders. (Hg.), *Unterhandlungen 1972-1990*, Frankfurt / M. 1993, S. 254-262; Nico Stehr, *Arbeit, Eigentum und Wissen. Zur Theorie von Wissensgesellschaften*, Frankfurt / M. 1994.

5 Jürgen Habermas, *Die Neue Unübersichtlichkeit*, Frankfurt / M. 1985; Richard Sennett, *Der flexible Mensch. Die Kultur des neuen Kapitalismus*, Berlin 1998; David Harvey, *The Condition of Postmodernity. An Enquiry into the Origins of Cultural Change*, Cambridge / Massachusetts und Oxford 1992.

6 Habermas, *Die Neue Unübersichtlichkeit*, S. 143.

7 Bruno Latour, *Wir sind nie modern gewesen. Versuch einer symmetrischen Anthropologie*, Berlin 1995.

8 Habermas, *Die Neue Unübersichtlichkeit*, S. 143.

9   Luc Boltanski und Ève Chiapello, *Der neue Geist des Kapitalismus*, Konstanz 2003.

10 Niklas Luhmann, *Legitimation durch Verfahren*, Frankfurt/M. 1997 (zuerst 1969), S. 40.

11 Claus Pias, *Computer-Spiel-Welten*, München 2002, S. 219-227; Donella H. Meadows u. a., *The Limits to Growth: A Report for the Club of Rome's Project on the Predicament of Mankind*, New York 1972; dt.: *Die Grenzen des Wachstums. Bericht des Club of Rome zur Lage der Menschheit.* Aus dem Amerikanischen von Hans-Dieter Heck, Stuttgart 1972.

12 Katja Girschik, »Machine-Readable Codes. The Swiss Retailer Migros and the Quest for Flow Velocity since the mid-1960s«, in: *Entreprises et histoire* 44 (2006), S. 55-65.

13 Edwards, *The Closed World*, S. 3-6, 137-145.

Die Suche nach dem Normalen: Robert Lembke

1   Ricarda Strobel und Werner Faulstich, *Die deutschen Fernsehstars*, Göttingen 1998, S. 108-134.

2   Zur Produktionsweise von »What's my line?« vgl. Gilbert Rogin, »Lords of Fun and Games«, in: *Sports Illustrated* 18 (1963), S. 52-60.

3   Strobel und Faulstich, *Die deutschen Fernsehstars*, S. 130.

4   Ebenda, S. 116.

5   Norbert Frei und Tobias Freimüller, *Karrieren im Zwielicht. Hitlers Eliten nach 1945*, Frankfurt/M. 2001.

6   Norbert Frei, *Beschweigen und Bekennen. Die deutsche Nachkriegsgesellschaft und der Holocaust*, Göttingen 2001; Klaus Heuer, *Die geschichtspolitische Gegenwart der nationalsozialistischen Vergangenheit zur Analyse unbearbeiteter Loyalitäten am Beispiel des Historisierungsansatzes von Hermann Lübbe*, Kassel 2001.

7   Gary Stanley Becker, *Human Capital. A Theoretical and Empirical Analysis, with Special Reference to Education*, New York 1964.

8   Wolfgang Hoppe, *Fernunterricht als Mittel der betrieblichen Fort- und Weiterbildung*, Berlin 1967; C. V. Rock, *Berufe von morgen. Das große Berufssterben – Berufe mit Überlebenschancen – neue Berufe – Umschulung und Fernunterricht – Zukunftsforschung – Beru-*

fe und Kybernetik – Freizeit – Berufe von übermorgen, Düsseldorf 1968; Ulrich Lohmar und Ferdinand Wiebecke, *Lehren und Lernen mit dem Computer. Computer-unterstützter Unterricht in der politischen und beruflichen Weiterbildung*, München u. a. 1972; Bernhard Dieckmann u. a., *Modellentwurf eines Weiterbildungsinformationssystems, WIS*, Stuttgart 1974; Hartmut Albrecht, *Widerstände und Hemmfaktoren bei Berufswechsel und Umschulung von Landwirten. Ihre Berücksichtigung in der sozio-ökonomischen Beratung*, Münster-Hiltrup 1977. Rüdiger Pintar, *Die Entscheidung zur Umschulung. Bedingungen, Befürchtungen, Erwartungen*, Frankfurt / M. 1978.

9 Statistisches Bundesamt, *Klassifizierung der Berufe: Systematisches und alphabetisches Verzeichnis der Berufsbenennungen*, Wiesbaden und Stuttgart 1961, S. 5.

10 Über die Berufe, die in Lembkes Sendungen vorkamen oder dafür vorgeschlagen wurden, gibt das Archiv des Bayerischen Rundfunks Auskunft, FS 5702-5712; 5661.

11 Ebenda.

12 Institut für Arbeitsmarkt- und Berufsforschung, *Wer macht was? Expertenregister aus der Forschungsdokumentation zur Arbeitsmarkt- und Berufsforschung*, Nürnberg: Institut für Arbeitsmarkt- und Berufsforschung der Bundesanstalt für Arbeit, Bonn: Bundesministerium für Arbeit und Sozialordnung, Bonn 1974.

13 Strobel und Faulstich, *Die deutschen Fernsehstars*, S. 117.

14 Vgl. Robert E. Lembke, *Das große Robert Lembke Buch*, München 1976.

15 Strobel und Faulstich, *Die deutschen Fernsehstars*, S. 118. Zum »normal range« siehe Jürgen Link, »Das ›normalistische Subjekt‹ und seine Kurven. Zur symbolischen Visualisierung orientierender Daten«, in: David Gugerli und Barbara Orland (Hg.), *Ganz normale Bilder. Historische Beiträge zur visuellen Herstellung von Selbstverständlichkeit*, Zürich 2002, S. 107-128, hier S. 124 f.

16 Archiv des Bayerischen Rundfunks, FS 5704.

17 Annette von Aretin, *Emanzipation charmant*, Düsseldorf 1972, S. 111.

18 Spiegel Online, http://www.spiegel.de/kultur/gesellschaft/0,1518, 404011,00.html, 2. März 2006.

19 Aretin, *Emanzipation charmant*.

20 Marianne Koch, *Histaminfreisetzung nach rascher Infusion von Plasmasubstituten*, München 1978.

21 Marianne Koch, *Körperintelligenz. Was Sie wissen sollten, um jung zu bleiben*, München 2003; Marianne Koch, *Tief einatmen! Eine Entdeckungsreise in den Körper*, München 2004.

22 Robert E. Lembke, »Die Lokalrunde. Die Berichterstattung in Hörfunk und Fernsehen von den Olympischen Sommerspielen München/Kiel 1972«, in: *ARD-Jahrbuch* 1972, S. I-VI, hier S. V.

23 Lembke, *Das große Robert Lembke Buch*, S. 204. Heiratsannonce: »Beamtentochter, 35 Jahre, sucht Ehe, möglichst mit Witwer oder Junggesellen.« Definition: »Yoga – eine Lehre, die die ganze Welt auf den Kopf stellen möchte.« (Ebenda, S. 205, 316)

Die Suche nach der Devianz: Eduard Zimmermann

1 Zu den Einschaltquoten vgl. Eduard Zimmermann, *Das unsichtbare Netz. Rapport für Freunde und Feinde*, München 1969, S. 342.

2 Stephan Schurr, »Die Gewalt der Fahndung: Verbrecher jagen mit ›Aktenzeichen XY … ungelöst‹«, in: *Kursbuch* März 2002, S. 125-132, hier S. 127.

3 Ebenda, S. 130.

4 Egon Netenjakob, »Zimmermanns Steckbrief Show. Öffentliches Unrecht durch eine öffentlich-rechtliche Anstalt«, in: *Frankfurter Hefte* 25 (1970), S. 808-814; Isabell Otto, »Kriminelle Verbrecherjäger. Zur Selbstregulation von Mediengewalt«, in: Irmela Schneider u. a. (Hg.), *Medienkultur der 70er Jahre. Diskursgeschichte der Medien nach 1945*, Wiesbaden 2004, S. 197-215, hier S. 207 f.

5 *Süddeutsche Zeitung*, 23. Oktober 1967, zitiert nach Netenjakob, »Zimmermanns Steckbrief Show«, S. 810 f.

6 Kathrin Hampel, *Aktenzeichen XY … ungelöst: Die spektakulärsten Fälle des Eduard Zimmermann*, Nürnberg 1997; Stefan Ummenhofer und Michael Thaidigsmann, *Aktenzeichen XY … ungelöst: Kriminalität, Kontroverse, Kult*, Villingen-Schwenningen 2004.

7 Zimmermann, *Das unsichtbare Netz*, S. 52 und S. 141-162.

8 »Aktenzeichen XY … ungelöst«, 19. April 1968, http://www.youtube.com/watch?v=WvDNUWJv-ZE.

9 »Aktenzeichen XY … ungelöst«, 5. Juli 1968, http://www.youtube.com/watch?v=KFIqW6y_E8Q.

10   Hampel, *Die spektakulärsten Fälle des Eduard Zimmermann*; Ummenhofer und Thaidigsmann, *Aktenzeichen XY … ungelöst*.

11   Zimmermann, *Das unsichtbare Netz*, S. 183.

12   Ebenda.

13   Ebenda, S. 184.

14   Ebenda.

15   »Aktenzeichen XY … ungelöst«, 20. Oktober 1967, http://www.youtube.com/watch?v=VLavozE3y-U.

16   Sigmund Freud, »Das Unheimliche« (1919), in: Ders., *Gesammelte Werke*, Frankfurt / M. 1999, S. 227-278.

17   »Aktenzeichen XY … ungelöst«, 19. April 1968, http://www.youtube.com/watch?v=5Cff7fv6-N8. Zur Historizität der Identifikation von Personen über Ausweispapiere siehe Valentin Groebner, *Der Schein der Person. Steckbrief, Ausweis und Kontrolle im Europa des Mittelalters*, München 2004.

18   »Aktenzeichen XY … ungelöst«, 19. April 1968, http://www.youtube.com/watch?v=5Cff7fv6-N8.

19   Karl Holzamer, »Die Bilderflut des Fernsehens. Television als Erziehungsmacht, Information, Politikum«, in: Richard Wisser (Hg.), *Die Verantwortung des Menschen für sich und seinesgleichen. Reden und Aufsätze von Karl Holzamer*, Gütersloh 1966, S. 210-218, hier S. 215 f.

20   »Aktenzeichen XY … ungelöst«, 20. Oktober 1968, http://www.youtube.com/watch?v=z90O-yDMwFc.

21   *Die Zeit*, 9. Oktober 1970.

22   *Der Spiegel*, Nr. 3, 10. Januar 1972, S. 55.

23   Eduard Zimmermann, … *der Ganoven Wunderland. Nepper, Schlepper, Bauernfänger. Erfahrungen und Erkenntnisse aus der Fernsehserie »Vorsicht, Falle!«*, Darmstadt 1966, S. 321.

24   Ebenda, S. 282.

25   Ebenda, S. 9.

26   Zimmermann, *Das unsichtbare Netz*, S. 11; zitiert nach Otto, »Kriminelle Verbrecherjäger«, S. 197.

Die Suche nach dem Muster: Horst Herold

1 *Der Spiegel*, Nr. 27, 28. Juni 1971, S. 53.
2 Dieter Schenk, *Auf dem rechten Auge blind. Die braunen Wurzeln des BKA*, Köln 2001.
3 *Der Spiegel*, Nr. 27, 28. Juni 1971, S. 53.
4 *Der Spiegel*, Nr. 44, 23. Oktober 1972, S. 67.
5 *Der Spiegel*, Nr. 27, 28. Juni 1971, S. 53.
6 Horst Herold, »Erwartungen von Polizei und Justiz in die Kriminaltechnik«, in: *Arbeitstagung des Bundeskriminalamtes Wiesbaden vom 23. bis 26. Oktober 1978. BKA-Vortragsreihe* 24 (1979), S. 75-84, hier S. 83, und Horst Herold, »Im Gespräch mit David Gugerli. Vom Befehl zur Steuerung, von der Datei zum Index«, in: David Gugerli u. a. (Hg.), *Nach Feierabend. Zürcher Jahrbuch für Wissensgeschichte*, Bd. 3: *Daten*, Zürich und Berlin 2007, S. 173-183. Zur Geschichte der Kybernetik siehe Michael Hagner und Erich Hörl (Hg.), *Die Transformation des Humanen. Beiträge zur Kulturgeschichte der Kybernetik*, Frankfurt / M. 2008.
7 Horst Herold, »Kriminalgeographie – Ermittlung und Untersuchung der Beziehungen zwischen Raum und Kriminalität«, in: Herbert Schäfer (Hg.), *Grundlagen der Kriminalistik*, Hamburg 1968, S. 1-47, hier S. 46.
8 Ebenda, S. 42-44.
9 Vgl. Herolds Aufsätze: »Kriminalgeographie« (siehe Anm. 7); »Die elektronische Datenverarbeitung. Möglichkeiten ihres Einsatzes für die Kriminalstatistik, bei der Gefahrenabwehr und der Erforschung des Sachverhalts«, in: Polizei-Institut Hiltrup (Hg.), *19. Arbeitstagung für Kriminalistik und Kriminologie*, Hiltrup 1968, unpaginiertes Typoskript; »Organisatorische Grundzüge der elektronischen Datenverarbeitung im Bereich der Polizei. Versuch eines Zukunftsmodells«, in: *Taschenbuch für Kriminalisten* 18 (1968), S. 240-254; »Kybernetik und Polizei-Organisation«, in: *Die Polizei. Zentralorgan für das Sicherheits- und Ordnungswesen, Polizei-Wissenschaft, -Recht, -Praxis* 61 (1970), S. 33-37; »Gesellschaftliche Aspekte der Kriminalitätsbekämpfung«. Vortrag vor der AJS Franken am 28. 12. 1973; »Künftige Einsatzformen der EDV und ihre Auswirkungen im Bereich der Polizei«, in: *Kriminalistik. Zeitschrift für die gesamte kriminalistische Wissenschaft und Praxis* 28 (1974), S. 385-

388; »Erwartungen von Polizei und Justiz in die Kriminaltechnik«; »›Rasterfahndung‹ – eine computerunterstützte Fahndungsform der Polizei. Begriffe, Formen, Abläufe«, in: *Recht und Politik. Vierteljahreshefte für Rechts- und Verwaltungspolitik* 2 (1985), S. 84-97.

10 Herold, »Organisatorische Grundzüge der elektronischen Datenverarbeitung«, S. 243.

11 Ebenda, S. 240.

12 Niklas Luhmann, *Recht und Automation in der öffentlichen Verwaltung. Eine verwaltungswissenschaftliche Untersuchung*, Berlin 1966, S. 9.

13 Stefan Aust, *Der Baader-Meinhof-Komplex*, Hamburg 1985, S. 216.

14 Horst Herold, »Rationalisierung und Automation in der Bekämpfung von Verbrechen. Das Informationssystem der Polizei wird perfekt«, in: *Staatsanzeiger für Baden-Württemberg*, 1976, S. 3 f., hier S. 3.

15 David Gugerli u. a., »Rechne mit deinen Beständen: Dispositive des Wissens in der Informationsgesellschaft«, in: Gérald Berthoud u. a. (Hg.), *Informationsgesellschaft: Geschichten und Wirklichkeit*, Fribourg 2005, S. 79-108.

16 Aust, *Der Baader-Meinhof-Komplex*, S. 216-218. Dieter Schenk, *Der Chef. Horst Herold und das BKA*, München 2000, S. 205-214. Horst Herold, »Im Gespräch mit David Gugerli«, S. 176.

17 Herold, »Kybernetik und Polizei-Organisation«, S. 35.

18 Ebenda.

19 Zu den Rationalisierungsgewinnen und -versprechen der Zettelwirtschaft vgl. Markus Krajewski, *Zettelwirtschaft. Die Geburt der Kartei aus dem Geiste der Bibliothek*, Berlin 2002.

20 Herold, »Rationalisierung und Automation in der Bekämpfung von Verbrechen«, S. 4.

21 Ebenda. Programmatisch dazu bereits Herold, »Künftige Einsatzformen der EDV«, S. 385: »1975 wird die Zahl der mit INPOL fest verbundenen Stationen in der Bundesrepublik auf 1200 anwachsen.«

22 Bundeskriminalamt Wiesbaden (Hg.), *Der Sachbeweis im Strafverfahren. Arbeitstagung des Bundeskriminalamtes Wiesbaden vom 23. bis 26. Oktober 1978*, BKA Vortragsreihe 24, Wiesbaden 1979, S. 5. Siehe auch Horst Herold, »Erwartungen von Polizei und Justiz in die Kriminaltechnik«, in: *Arbeitstagung des Bundeskriminalam-*

tes Wiesbaden vom 23. bis 26. Oktober 1978. BKA-Vortragsreihe 24 (1979), S. 75-84.

23 Schenk, *Der Chef,* S. 126 und 227. Zur Dezentralisierung zentraler Systemarchitekturen siehe David Gugerli, »Die Entwicklung der digitalen Telefonie (1960-1985): Die Kosten soziotechnischer Flexibilisierungen«, in: Kurt Stadelmann u. a. (Hg.), *Telemagie: 150 Jahre Telekommunikation in der Schweiz,* Zürich 2002, S. 154-167.

24 Herold, »Künftige Einsatzformen der EDV«, S. 388.

25 Ebenda.

26 Ebenda.

27 Herold, »Rationalisierung und Automation in der Bekämpfung von Verbrechen«, S. 3. Zur Geschichte und Kritik der Rolle des Fingerabdrucks für die Kriminalistik siehe Simon A. Cole, *Suspect Identities. A History of Fingerprinting and Criminal Identification,* Cambridge / Massachusetts 2001.

28 Herold, »Künftige Einsatzformen der EDV«, S. 388.

29 Bundeskriminalamt Wiesbaden (Hg.), *Der Sachbeweis im Strafverfahren. Arbeitstagung des Bundeskriminalamtes Wiesbaden vom 23. bis 26. Oktober 1978, BKA Vortragsreihe* 24, Wiesbaden 1979.

30 Herold, »Erwartungen von Polizei und Justiz in die Kriminaltechnik«, S. 79.

31 Gunther Groh, »Computer für Bilder und Stimmen«, in: *BKA Vortragsreihe* 24 (1979), S. 91-97, hier S. 96.

32 Ernst Bunge, »Moderne Entwicklungen in der Kriminaltechnik. Eine Einführung in die Mustererkennung«, in: *BKA Vortragsreihe* 24 (1979), S. 129-141, hier S. 130.

33 Ebenda.

34 Olaf Briese, »›Schläfer‹ und ›Rasterfahndung‹. Kochs Konzept gesunder Keimträger«, in: Tanja Nusser und Elisabeth Strowick (Hg.), *Rasterfahndungen. Darstellungstechniken – Normierungsverfahren – Wahrnehmungskonstitution,* Bielefeld 2003, S. 181-197; Rolf Gössner, »Computergestützter Generalverdacht: Die Rasterfahndungen nach ›Schläfern‹ halten einer bürgerrechtlichen Prüfung kaum Stand«, in: *vorgänge. Zeitschrift für Bürgerrechte und Gesellschaftspolitik* 159 (2002), S. 41-51; Herold, »Rasterfahndung«; Edwin Kube, »Rasterfahndung – Kriminologische und rechtliche Aspekte«, in: Ursula Cassani u. a. (Hg.), *Mehr Sicherheit – weniger Freiheit? Ermittlungs- und Beweistechniken hinterfragt,* Chur und

Zürich 2003, S. 49-69; Tanja Nusser und Elisabeth Strowick (Hg.), *Rasterfahndungen. Darstellungstechniken – Normierungsverfahren – Wahrnehmungskonstitution*, Bielefeld 2003; Nicolas Pethes, »EDV im Orwellstaat. Der Diskurs über Lauschangriff, Datenschutz und Rasterfahndung um 1984«, in: Irmela Schneider u. a. (Hg.), *Medienkultur der 70er Jahre. Diskursgeschichte der Medien nach 1945*, Wiesbaden 2004, S. 57-75.

35 Lea Hartung, *Kommissar Computer. Horst Herold und die Virtualisierung des polizeilichen Wissens* (Manuskript), Weimar 2005.

36 Herold, »Rasterfahndung«; Joseph Vogl, »Grinsen ohne Katze. Vom Wissen virtueller Objekte«, in: Hans-Christian von Herrmann und Matthias Middell (Hg.), *Orte der Kulturwissenschaft*, Leipzig 1998, S. 41-53.

37 Kube, »Rasterfahndung – Kriminologische und rechtliche Aspekte«, S. 51; Schenk, *Der Chef*, S. 398-401.

38 Kube, »Rasterfahndung – Kriminologische und rechtliche Aspekte«, S. 51-53.

39 Wolfgang Kraushaar und Jan Philipp Reemtsma, »»Die entscheidende Triebkraft besteht in einem unbändigen, alles ausfüllenden Hass‹. Interview mit dem ehemaligen Präsidenten des Bundeskriminalamtes Dr. Horst Herold«, in: Wolfgang Kraushaar (Hg.), *Die RAF und der linke Terrorismus*, Hamburg 2006, S. 1370-1391, hier S. 1372.

40 Tatjana Botzat, *Ein deutscher Herbst. Zustände 1977*, Frankfurt / M. 1997, S. 31.

41 *Der Spiegel*, Nr. 25, 18. Juni 1979, S. 72.

42 Hermann Höcherl, »Bericht über die Untersuchung von Fahndungspannen im Mord- und Entführungsfall Schleyer«, in: *Drucksache des deutschen Bundestags 8/1881* (1978), S. 2-28.

43 *Der Spiegel*, Nr. 25, 18. Juni 1979, S. 78.

44 Kraushaar und Reemtsma, »Interview mit dem ehemaligen Präsidenten des Bundeskriminalamtes Dr. Horst Herold«, S. 1379.

45 Jochen Bölsche, *Der Weg in den Überwachungsstaat. Mit neuen Dokumenten und Stellungnahmen von Gerhart Baum*, Reinbek 1979; Erhard Denninger, *Der gebändigte Leviathan*, Baden-Baden 1990.

Die Suche nach der Form: Edgar F. Codd

1 Edgar F. Codd, »A Relational Model of Data for Large Shared Data Banks«, in: *Communications of the ACM* 13 (1970), S. 377-387. Die Digital Library der Association for Computing Machinery (ACM) führt 799 Artikel auf, die Codd zitieren, vgl. http://portal.acm. org/. Die folgenden Erläuterungen zur Geschichte der relationalen Datenbank basieren auf David Gugerli, »Die Welt als Datenbank. Zur Relation von Softwareentwicklung, Abfragetechnik und Deutungsautonomie«, in: David Gugerli u. a. (Hg.), *Nach Feierabend. Zürcher Jahrbuch für Wissensgeschichte*, Bd. 3: *Daten*, Zürich und Berlin 2007, S. 11-36.

2 Codd, »A Relational Model of Data«, S. 377.

3 Ebenda.

4 Ebenda.

5 Gordon C. Everest, »The Futures of Database Management«, in: *Proceedings of the 1974 ACM SIGFIDET (now SIGMOD) Workshop on Data Description, Access and Control, Ann Arbor, Michigan, May 01-03*, Ann Arbor / Michigan 1974, S. 445-462.

6 Charles W. Bachman, »The Programmer as Navigator«, in: *Communications of the ACM* 16 (1973), S. 653-658.

7 Christopher J. Date und Edgar F. Codd, »The Relational and Network Approaches: Comparison of the Application Programming Interfaces«, in: *Proceedings of the 1974 ACM SIGFIDET (now SIGMOD) Workshop on Data Description, Access and Control: Data Models: Data-Structure-Set versus Relational, Ann Arbor, Michigan, May 01-03*, Ann Arbor / Michigan 1975, S. 83-113, hier S. 95.

8 Christopher J. Date, *An Introduction to Database Systems*, New York 1977; Date und Codd, »The Relational and Network Approaches«, S. 95.

9 Everest, »The Futures of Database Management«; Date und Codd, »The Relational and Network Approaches«; Edgar H. Sibley, »On the Equivalences of Data Based Systems«, in: *Proceedings of the 1974 ACM SIGFIDET (now SIGMOD) Workshop on Data Description, Access and Control: Data Models: Data-Structure-Set versus Relational, Ann Arbor, Michigan, May 01-03*, Ann Arbor / Michigan 1975, S. 43-76.

10 Panel and Audience, »Discussion«, in: *Proceedings of the 1974 ACM SIGFIDET (now SIGMOD) Workshop on Data Description, Access and Control: Data Models: Data-Structure-Set versus Relational, Ann Arbor, Michigan, May 01-03*, Ann Arbor / Michigan 1975, S. 123-144, hier S. 123.

11 Ebenda, S. 134.

12 Ebenda, S. 137.

13 Thomas Haigh, »Charles W. Bachman Interview: September 25-26, 2004; Tucson, Arizona. Interview conducted for the Special Interest Group on the Management of Data (SIGMOD) of the Association for Computing Machinery (ACM)«, in: *ACM Oral History Interviews* 2006, S. 1-106, hier S. 104.

14 Ebenda.

15 Vgl. ebenda, S. 19, sowie Thomas Haigh, »Inventing Information Systems: The Systems Men and the Computer, 1950-1968«, in: *Business History Review* 75 (2001), S. 15-61.

16 Vgl. Christopher J. Date, »Edgar F. Codd. August 23rd, 1923-April 18th, 2003«, in: *SIGMOD Record* 32 (2003), S. 4-13.

17 Donald, D. Chamberlin und Raymond F. Boyce, »SEQUEL: A Structured English Query Language«, in: *Proceedings of the 1974 ACM SIGFIDET (now SIGMOD) Workshop on Data Description, Access and Control, Ann Arbor, Michigan, May 01-03*, Ann Arbor / Michigan 1974, S. 249-264, hier S. 250.

18 Morton M. Astrahan und Donald D. Chamberlin, »Implementation of a Structured English Query Language«, in: *Communications of the ACM* 18 (1975), S. 580-588, hier S. 580.

19 Markus Krajewski, »In Formation. Aufstieg und Fall der Tabelle als Paradigma der Datenverarbeitung«, in: David Gugerli u. a. (Hg.), *Nach Feierabend. Zürcher Jahrbuch für Wissensgeschichte*, Bd. 3: *Daten*, Zürich und Berlin 2007, S. 37-56, hier S. 37.

20 Die Darstellung stützt sich auf Donald D. Chamberlin u. a., »A History and Evaluation of System R«, in: *Communications of the ACM* 24 (1981), S. 632-646.

21 Astrahan und Chamberlin, »Implementation of a Structured English Query Language«.

22 Chamberlin u. a., »A History and Evaluation of System R«, S. 636.

23 Ebenda.

24 Ebenda, S. 633.

25 Rudolf Bayer und Edward McCreight, »Organization and Maintenance of Large Ordered Indexes«, in: *Acta Informatica* 1 (1972), S. 173-189; Rudolf Bayer und Edward McCreight, »Symmetric Binary B-Trees: Data Structure and Maintenance Algorithms«, in: *Acta Informatica* 1 (1972), S. 290-306.

26 Chamberlin u. a., »A History and Evaluation of System R«, S. 634.

27 Eine unvollständige Liste der prominentesten Entwickler hat Paul McJones auf http://www.mcjones.org/System_R/people.html zusammengestellt.

28 Chamberlin u. a., »A History and Evaluation of System R«, S. 636. Michael Stonebraker, »Retrospection on a Database System«, in: *ACM Transactions on Database Systems* 5 (1980), S. 225-240.

29 Stonebraker, »Retrospection on a Database System«, S. 232.

30 Michael Stonebraker u. a., »The Design and Implementation of INGRES«, in: *ACM Transactions on Database Systems (TODS)* 1 (1976), S. 189-222, hier S. 191.

31 Astrahan und Chamberlin, »Implementation of a Structured English Query Language«, S. 582.

32 Yvonne Robinson-Lachmund, *Lagerhaltung und Lagerhaltungskosten im Einzelhandel*, Winterthur 1962, zitiert nach Thomas Haigh, »›A Veritable Bucket of Facts‹. Origins of the Data Base Management System«, in: *SIGMOD Record* 35 (2006), H. 2, S. 33-49, hier S. 34.

33 Alfred Eisenpreis, »Beispiele der Zusammenarbeit von Theorie und Praxis in einem Handelsunternehmen«, in: W. Applebaum (Hg.), *Wissenschaft und Handel. Der Brückenschlag zwischen Theorie und Praxis, 4. bis 7. Juli 1966, in Rüschlikon-Zürich*, Bern 1967, S. 131-141, hier S. 133.

34 Hermann Meier u. a., *Auftragsabwicklung, Disposition und Versandsteuerung integriert im Realzeitbetrieb*, Stuttgart 1972.

35 Ebenda, S. 4

36 Ebenda, S. 1 (Hervorhebung D. G.).

37 Ebenda, S. 5.

38 Ebenda, S. 18.

39 Ebenda, S. 27.

40 Gerd Meissner, *SAP – Die heimliche Software-Macht*, Hamburg

1997; Timo Leimbach, »Vom Programmierbüro zum globalen Softwareproduzenten. Die Erfolgsfaktoren der SAP von der Gründung bis zum R/3-Boom, 1972-1996«, in: *Zeitschrift für Unternehmensgeschichte* 52 (2007), S. 33-56. Zur folgenreichen Einführung von SAP beim Massachusetts Institute of Technology vgl. Rosalind H. Williams, *Retooling: A Historian Confronts Technological Change*, Cambridge/Massachusetts 2002.

Bibliographie

Albrecht, Hartmut, *Widerstände und Hemmfaktoren bei Berufswechsel und Umschulung von Landwirten. Ihre Berücksichtigung in der sozio-ökonomischen Beratung*, Münster-Hiltrup 1977.

Aretin, Annette von, *Emanzipation charmant*, Düsseldorf 1972.

Astrahan, Morton M. und Donald D. Chamberlin, »Implementation of a Structured English Query Language«, in: *Communications of the ACM* 18 (1975), H. 10, S. 580-588.

Aust, Stefan, *Der Baader-Meinhof-Komplex*, Hamburg 1985.

Bachman, Charles W., »The Programmer as Navigator«, in: *Communications of the ACM* 16 (1973), H. 11, S. 653-658.

Bayer, Rudolf und Edward McCreight, »Organization and Maintenance of Large Ordered Indexes«, in: *Acta Informatica* 1 (1972), S. 173-189.

Bayer, Rudolf und Edward McCreight, »Symmetric Binary B-Trees: Data Structure and Maintenance Algorithms«, in: *Acta Informatica* 1 (1972), S. 290-306.

Becker, Gary Stanley, *Human Capital. A Theoretical and Empirical Analysis, with Special Reference to Education*, New York 1964.

Bell, Daniel, *The Coming of Post-Industrial Society. A Venture in Social Forecasting*, New York 1973.

Blume, Stuart S., *Insight and Industry. On the Dynamics of Technical Change in Medicine*, Cambridge / Massachusetts 1992.

Bölsche, Jochen, *Der Weg in den Überwachungsstaat. Mit neuen Dokumenten und Stellungnahmen von Gerhart Baum*, Reinbek 1979.

Boltanski, Luc und Ève Chiapello, *Der neue Geist des Kapitalismus*, Konstanz 2003.

Botzat, Tatjana, *Ein deutscher Herbst. Zustände 1977*, Frankfurt/M. 1997.

Briese, Olaf, »›Schläfer‹ und ›Rasterfahndung‹. Kochs Konzept gesunder Keimträger«, in: Tanja Nusser und Elisabeth Strowick (Hg.), *Rasterfahndungen. Darstellungstechniken – Normierungsverfahren – Wahrnehmungskonstitution*, Bielefeld 2003, S. 181-197.

Bundeskriminalamt Wiesbaden (Hg.), *Der Sachbeweis im Strafverfahren. Arbeitstagung des Bundeskriminalamtes Wiesbaden vom 23. bis 26. Oktober 1978*, BKA Vortragsreihe 24, Wiesbaden 1979.

Bunge, Ernst, »Moderne Entwicklungen in der Kriminaltechnik. Eine Einführung in die Mustererkennung«, in: *BKA Vortragsreihe* 24 (1979), S. 129-141.

Chamberlin, Donald D. u. a., »A History and Evaluation of System R«, in: *Communications of the ACM* 24 (1981), H. 10, S. 632-646.

Codd, Edgar F., »A Relational Model of Data for Large Shared Data Banks«, in: *Communications of the ACM* 13 (1970), H. 6, S. 377-387.

Cole, Simon A., *Suspect Identities. A History of Fingerprinting and Criminal Identification*, Cambridge / Massachusetts 2001.

Date, Christopher J., *An Introduction to Database Systems*, New York 1977.

Date, Christopher J., »Edgar F. Codd. August 23rd, 1923 – April 18th, 2003«, in: *SIGMOD Record* 32 (2003), H. 4, S. 4-13.

Date, Christopher J. und Edgar F. Codd, »The Relational and Network Approaches: Comparison of the Application Programming Interfaces«, in: *Proceedings of the 1974 ACM SIGFIDET (now SIGMOD) Workshop on Data Description, Access and Control: Data models: Data-structure-set versus relational, Ann Arbor, Michigan, May 01-03*, Ann Arbor / Michigan 1975, S. 83-113.

Deleuze, Gilles, »Postskriptum über die Kontrollgesellschaften«, in: Ders. (Hg.), *Unterhandlungen 1972-1990*, Frankfurt/M. 1993, S. 254-262.

Denninger, Erhard, *Der gebändigte Leviathan*, Baden-Baden 1990.

Dieckmann, Bernhard u. a., *Modellentwurf eines Weiterbildungsinformationssystems, WIS*, Stuttgart 1974.

Donald, D. Chamberlin und Raymond F. Boyce, »SEQUEL: A Structured English Query Language«, in: *Proceedings of the 1974 ACM SIGFIDET (now SIGMOD) Workshop on Data Description, Access and Control, Ann Arbor, Michigan, May 01-03*, Ann Arbor / Michigan 1974, S. 249-264.

Drucker, Peter F., *The Age of Discontinuity. Guidelines to Our Changing Society*, New York 1969.

Edwards, Paul N., *The Closed World. Computers and the Politics of Discourse in Cold War America*, Cambridge und London 1996.

Eisenpreis, Alfred, »Beispiele der Zusammenarbeit von Theorie und Praxis in einem Handelsunternehmen«, in: W. Applebaum (Hg.), *Wissenschaft und Handel. Der Brückenschlag zwischen Theorie und Praxis, 4. bis 7. Juli 1966, in Rüschlikon-Zürich*, Bern 1967, S. 131-141.

Everest, Gordon C., »The Futures of Database Management«, in: *Pro-*

ceedings of the 1974 ACM SIGFIDET (now SIGMOD) Workshop on Data Description, Access and Control, Ann Arbor, Michigan, May 01-03, Ann Arbor / Michigan 1974, S. 445-462.

Frei, Norbert, *Beschweigen und Bekennen. Die deutsche Nachkriegsgesellschaft und der Holocaust*, Göttingen 2001.

Frei, Norbert und Tobias Freimüller, *Karrieren im Zwielicht. Hitlers Eliten nach 1945*, Frankfurt/M. 2001.

Freud, Sigmund, »Das Unheimliche« (1919), in: Ders., *Gesammelte Werke*, Frankfurt/M. 1999, S. 227-278.

Girschik, Katja, »Machine-Readable Codes. The Swiss Retailer Migros and the Quest for Flow Velocity since the mid-1960s«, in: *Entreprises et histoire* 44 (2006), S. 55-65.

Gössner, Rolf, »Computergestützter Generalverdacht: Die Rasterfahndungen nach ›Schläfern‹ halten einer bürgerrechtlichen Prüfung kaum Stand«, in: *vorgänge. Zeitschrift für Bürgerrechte und Gesellschaftspolitik* 159 (2002), S. 41-51.

Groebner, Valentin, *Der Schein der Person. Steckbrief, Ausweis und Kontrolle im Europa des Mittelalters*, München 2004.

Groh, Gunther, »Computer für Bilder und Stimmen«, in: *BKA Vortragsreihe* 24 (1979), S. 91-97.

Gugerli, David, »Die Entwicklung der digitalen Telefonie (1960-1985): Die Kosten soziotechnischer Flexibilisierungen«, in: Kurt Stadelmann u. a. (Hg.), *Telemagie: 150 Jahre Telekommunikation in der Schweiz*, Zürich 2002, S. 154-167.

Gugerli, David, »Die Welt als Datenbank. Zur Relation von Softwareentwicklung, Abfragetechnik und Deutungsautonomie«, in: Ders. u. a. (Hg.), *Nach Feierabend. Zürcher Jahrbuch für Wissensgeschichte*, Bd. 3: *Daten*, Zürich und Berlin 2007, S. 11-36.

Gugerli, David, »Kybernetisierung der Hochschule. Zur Genese des universitären Managements«, in: Michael Hagner und Erich Hörl (Hg.), *Die Transformation des Humanen. Beiträge zur Kulturgeschichte der Kybernetik*, Frankfurt/M. 2008, S. 414-439.

Gugerli, David u. a., »Rechne mit deinen Beständen: Dispositive des Wissens in der Informationsgesellschaft«, in: Gérald Berthoud u. a. (Hg.), *Informationsgesellschaft: Geschichten und Wirklichkeit*, Fribourg 2005, S. 79-108.

Habermas, Jürgen, *Legitimationsprobleme im Spätkapitalismus*, Frankfurt/M. 1973.

Habermas, Jürgen, *Die Neue Unübersichtlichkeit*, Frankfurt/M. 1985.

Hagner, Michael und Erich Hörl (Hg.), *Die Transformation des Humanen. Beiträge zur Kulturgeschichte der Kybernetik*, Frankfurt/M. 2008.

Haigh, Thomas, »Inventing Information Systems: The Systems Men and the Computer, 1950-1968«, in: *Business History Review* 75 (2001), S. 15-61.

Haigh, Thomas, »Charles W. Bachman Interview: September 25-26, 2004; Tucson, Arizona. Interview conducted for the Special Interest Group on the Management of Data (SIGMOD) of the Association for Computing Machinery (ACM)«, in: *ACM Oral History Interviews* (2006), S. 1-106.

Haigh, Thomas, »»A Veritable Bucket of Facts‹. Origins of the Data Base Management System«, in: *SIGMOD Record* 35 (2006), H. 2, S. 33-49.

Hampel, Kathrin, *Aktenzeichen XY ... ungelöst: Die spektakulärsten Fälle des Eduard Zimmermann*, Nürnberg 1997.

Hartung, Lea, *Kommissar Computer. Horst Herold und die Virtualisierung des polizeilichen Wissens (Manuskript)*, Weimar 2005.

Harvey, David, *The Condition of Postmodernity. An Enquiry into the Origins of Cultural Change*, Cambridge / Massachusetts und Oxford 1992.

Herold, Horst, »Die elektronische Datenverarbeitung. Möglichkeiten ihres Einsatzes für die Kriminalstatistik, bei der Gefahrenabwehr und der Erforschung des Sachverhalts«, in: Polizei-Institut Hiltrup (Hg.), *19. Arbeitstagung für Kriminalistik und Kriminologie*, Hiltrup 1968, unpaginiertes Typoskript.

Herold, Horst, »Kriminalgeographie – Ermittlung und Untersuchung der Beziehungen zwischen Raum und Kriminalität«, in: Herbert Schäfer (Hg.), *Grundlagen der Kriminalistik*, Hamburg 1968, S. 1-47.

Herold, Horst, »Organisatorische Grundzüge der elektronischen Datenverarbeitung im Bereich der Polizei. Versuch eines Zukunftsmodells«, in: *Taschenbuch für Kriminalisten* 18 (1968), S. 240-254.

Herold, Horst, »Kybernetik und Polizei-Organisation«, in: *Die Polizei. Zentralorgan für das Sicherheits- und Ordnungswesen, Polizei-Wissenschaft, -Recht, -Praxis* 61 (1970), H. 2, S. 33-37.

Herold, Horst, »Gesellschaftliche Aspekte der Kriminalitätsbekämpfung« (Vortrag vor der ASJ Franken am 28. Dezember 1973).

Herold, Horst, »Künftige Einsatzformen der EDV und ihre Auswirkungen im Bereich der Polizei«, in: *Kriminalistik. Zeitschrift für die gesamte kriminalistische Wissenschaft und Praxis* 28 (1974), H. 9, S. 385-388.

Herold, Horst, »Rationalisierung und Automation in der Bekämpfung von Verbrechen. Das Informationssystem der Polizei wird perfekt«, in: *Staatsanzeiger für Baden-Württemberg* 1976, S. 3 f.

Herold, Horst, »Erwartungen von Polizei und Justiz in die Kriminaltechnik«, in: *Arbeitstagung des Bundeskriminalamtes Wiesbaden vom 23. bis 26. Oktober 1978. BKA-Vortragsreihe* 24 (1979), S. 75-84.

Herold, Horst, »›Rasterfahndung‹ – eine computerunterstützte Fahndungsform der Polizei. Begriffe, Formen, Abläufe«, in: *Recht und Politik. Vierteljahreshefte für Rechts- und Verwaltungspolitik* 2 (1985), S. 84-97.

Herold, Horst, »Im Gespräch mit David Gugerli. Vom Befehl zur Steuerung, von der Datei zum Index«, in: David Gugerli u. a. (Hg.), *Nach Feierabend. Zürcher Jahrbuch für Wissensgeschichte*, Bd. 3: *Daten*, Zürich und Berlin 2007, S. 173-183.

Heuer, Klaus, *Die geschichtspolitische Gegenwart der nationalsozialistischen Vergangenheit. Zur Analyse unbearbeiteter Loyalitäten am Beispiel des Historisierungsansatzes von Hermann Lübbe*, Kassel 2001.

Höcherl, Hermann, »Bericht über die Untersuchung von Fahndungspannen im Mord- und Entführungsfall Schleyer«, in: *Drucksache des deutschen Bundestags 8/1881* (1978), S. 2-28.

Holzamer, Karl, »Die Bilderflut des Fernsehens. Television als Erziehungsmacht, Information, Politikum«, in: Richard Wisser (Hg.), *Die Verantwortung des Menschen für sich und seinesgleichen. Reden und Aufsätze von Karl Holzamer*, Gütersloh 1966, S. 210-218.

Hoppe, Wolfgang, *Fernunterricht als Mittel der betrieblichen Fort- und Weiterbildung*, Berlin 1967.

Institut für Arbeitsmarkt- und Berufsforschung, *Wer macht was? Expertenregister aus der Forschungsdokumentation zur Arbeitsmarkt- und Berufsforschung*, Nürnberg: Institut für Arbeitsmarkt- und Berufsforschung der Bundesanstalt für Arbeit, Bonn: Bundesministerium für Arbeit und Sozialordnung, Bonn 1974.

Jameson, Fredric, *Postmodernism, or, The Cultural Logic of Late Capitalism*, Durham 1991.

Koch, Marianne, *Histaminfreisetzung nach rascher Infusion von Plasmasubstituten*, München 1978.

Koch, Marianne, *Körperintelligenz. Was Sie wissen sollten, um jung zu bleiben*, München 2003.

Koch, Marianne, *Tief einatmen! Eine Entdeckungsreise in den Körper*, München 2004.

Krajewski, Markus, *Zettelwirtschaft. Die Geburt der Kartei aus dem Geiste der Bibliothek*, Berlin 2002.

Krajewski, Markus, »In Formation. Aufstieg und Fall der Tabelle als Paradigma der Datenverarbeitung«, in: David Gugerli u. a. (Hg.), *Nach Feierabend. Zürcher Jahrbuch für Wissensgeschichte*, Bd. 3: *Daten*, Zürich und Berlin 2007, S. 37-56.

Kraushaar, Wolfgang und Jan Philipp Reemtsma, »»Die entscheidende Triebkraft besteht in einem unbändigen, alles ausfüllenden Hass«. Interview mit dem ehemaligen Präsidenten des Bundeskriminalamtes Dr. Horst Herold«, in: W. Kraushaar (Hg.), *Die RAF und der linke Terrorismus*, Hamburg 2006, S. 1370-1391.

Kube, Edwin, »Rasterfahndung – Kriminologische und rechtliche Aspekte«, in: Ursula Cassani u. a. (Hg.), *Mehr Sicherheit – weniger Freiheit? Ermittlungs- und Beweistechniken hinterfragt*, Chur und Zürich 2003, S. 49-69.

Latour, Bruno, *Wir sind nie modern gewesen. Versuch einer symmetrischen Anthropologie*, Berlin 1995.

Leimbach, Timo, »Vom Programmierbüro zum globalen Softwareproduzenten. Die Erfolgsfaktoren der SAP von der Gründung bis zum R/3-Boom, 1972-1996«, in: *Zeitschrift für Unternehmensgeschichte* 52 (2007), H. 1, S. 33-56.

Lembke, Robert E., »Die Lokalrunde. Die Berichterstattung in Hörfunk und Fernsehen von den Olympischen Sommerspielen München/Kiel 1972«, in: Arbeitsgemeinschaft der öffentlich-rechtlichen Rundfunkanstalten der Bundesrepublik Deutschland (Hg.), *ARD-Jahrbuch*, Hamburg 1972, S. I-VI.

Lembke, Robert E., *Das große Robert Lembke Buch*, München 1976.

Link, Jürgen, »Das ›normalistische Subjekt‹ und seine Kurven. Zur symbolischen Visualisierung orientierender Daten«, in: David Gugerli und Barbara Orland (Hg.), *Ganz normale Bilder. Historische Beiträge zur visuellen Herstellung von Selbstverständlichkeit*, Zürich 2002, S. 107-128.

Lohmar, Ulrich und Ferdinand Wiebecke, *Lehren und Lernen mit dem Computer. Computer-unterstützter Unterricht in der politischen und beruflichen Weiterbildung*, München u. a. 1972.

Luhmann, Niklas, *Recht und Automation in der öffentlichen Verwaltung. Eine verwaltungswissenschaftliche Untersuchung*, Berlin 1966.

Luhmann, Niklas, *Legitimation durch Verfahren*, Frankfurt/M. 1997 (zuerst 1969).

Lyotard, Jean-François, *Das postmoderne Wissen. Ein Bericht*, hg. v. Peter Engelmann, Wien 1986.

Meadows, Donella H. u. a., *The limits to growth: A report for the Club of Rome's project on the predicament of mankind*, New York 1972; dt.: *Die Grenzen des Wachstums. Bericht des Club of Rome zur Lage der Menschheit*. Aus dem Amerikanischen von Hans-Dieter Heck, Stuttgart 1972.

Meier, Hermann u. a., *Auftragsabwicklung, Disposition und Versandsteuerung integriert im Realzeitbetrieb*, Stuttgart 1972.

Meissner, Gerd, *SAP – Die heimliche Software-Macht*, Hamburg 1997.

Netenjakob, Egon, »Zimmermanns Steckbrief Show. Öffentliches Unrecht durch eine öffentlich-rechtliche Anstalt«, in: *Frankfurter Hefte* 25 (1970), H. 11, S. 808-814.

Nusser, Tanja und Elisabeth Strowick (Hg.), *Rasterfahndungen. Darstellungstechniken – Normierungsverfahren – Wahrnehmungskonstitution*, Bielefeld 2003.

Otto, Isabell, »Kriminelle Verbrecherjäger. Zur Selbstregulation von Mediengewalt«, in: Irmela Schneider u. a. (Hg.), *Medienkultur der 70er Jahre. Diskursgeschichte der Medien nach 1945*, Wiesbaden 2004, S. 197-215.

Panel and Audience, »Discussion«: *Proceedings of the 1974 ACM SIGFIDET (now SIGMOD) Workshop on Data Description, Access and Control: Data Models: Data-Structure-Set versus Relational, Ann Arbor, Michigan, May 01-03*, Ann Arbor / Michigan 1975, S. 123-144.

Pethes, Nicolas, »EDV im Orwellstaat. Der Diskurs über Lauschangriff, Datenschutz und Rasterfahndung um 1984«, in: Irmela Schneider u. a. (Hg.), *Medienkultur der 70er Jahre. Diskursgeschichte der Medien nach 1945*, Wiesbaden 2004, S. 57-75.

Pias, Claus, *Computer-Spiel-Welten*, München 2002.

Pintar, Rüdiger, *Die Entscheidung zur Umschulung. Bedingungen, Befürchtungen, Erwartungen*, Frankfurt/M. 1978.

Robinson-Lachmund, Yvonne, *Lagerhaltung und Lagerhaltungskosten im Einzelhandel*, Winterthur 1962.

Rock, C. V., *Berufe von morgen. Das große Berufssterben – Berufe mit Überlebenschancen – neue Berufe – Umschulung und Fernunterricht – Zukunftsforschung – Berufe und Kybernetik – Freizeit – Berufe von übermorgen*, Düsseldorf 1968.

Rogin, Gilbert, »Lords of Fun and Games«, in: *Sports Illustrated* 18 (1963), H. 25, S. 52-60.

Schenk, Dieter, *Der Chef. Horst Herold und das BKA*, München 2000.

Schenk, Dieter, »*Auf dem rechten Auge blind.*« *Die braunen Wurzeln des BKA*, Köln 2001.

Schurr, Stephan, »Die Gewalt der Fahndung: Verbrecher jagen mit ›Aktenzeichen XY … ungelöst‹«, in: *Kursbuch* März 2002, S. 125-132.

Sennett, Richard, *Der flexible Mensch. Die Kultur des neuen Kapitalismus*, Berlin 1998.

Sibley, Edgar H., »On the Equivalences of Data Based Systems«, in: *Proceedings of the 1974 ACM SIGFIDET (now SIGMOD) Workshop on Data Description, Access and Control: Data Models: Data-Structure-Set versus Relational, Ann Arbor, Michigan, May 01-03*, Ann Arbor / Michigan 1975, S. 43-76.

Statistisches Bundesamt, *Klassifizierung der Berufe: Systematisches und alphabetisches Verzeichnis der Berufsbenennungen*, Wiesbaden und Stuttgart 1961.

Stehr, Nico, *Arbeit, Eigentum und Wissen. Zur Theorie von Wissensgesellschaften*, Frankfurt/M. 1994.

Stonebraker, Michael, »Retrospection on a Database System«, in: *ACM Transactions on Database Systems* 5 (1980), H. 2, S. 225-240.

Stonebraker, Michael u. a., »The Design and Implementation of INGRES«, in: *ACM Transactions on Database Systems (TODS)* 1 (1976), H. 3, S. 189-222.

Strobel, Ricarda und Werner Faulstich, *Die deutschen Fernsehstars*, Göttingen 1998.

Ummenhofer, Stefan und Michael Thaidigsmann, *Aktenzeichen XY … ungelöst: Kriminalität, Kontroverse, Kult*, Villingen-Schwenningen 2004.

Vogl, Joseph, »Grinsen ohne Katze. Vom Wissen virtueller Objekte«, in: Hans-Christian von Herrmann und Matthias Middell (Hg.), *Orte der Kulturwissenschaft*, Leipzig 1998, S. 41-53.

Williams, Rosalind H., *Retooling: A Historian Confronts Technological Change*, Cambridge / Massachusetts 2002.

Zimmermann, Eduard, *... der Ganoven Wunderland. Nepper, Schlepper, Bauernfänger. Erfahrungen und Erkenntnisse aus der Fernsehserie »Vorsicht, Falle!«*, Darmstadt 1966.

Zimmermann, Eduard, *Das unsichtbare Netz. Rapport für Freunde und Feinde*, München 1969.

Dank

Im Sommer 2006 hatte ich das Privileg, auf Einladung Dieter Grimms ans Wissenschaftskolleg zu Berlin zurückzukehren und die Untiefen und Abgründe eines neuen Forschungsgebiets auszuloten. Mit der Geschichte der Datenbank, an der ich arbeiten wollte, konnte ich weder mit einer ganzen Batterie von Projekten noch mit einer informationstechnischen Aufrüstung zu Rande kommen. Was ich brauchen würde, war mehr Zeit, als hochschulpolitisches Engagement, Lehrverpflichtungen und Gremienarbeit übriglassen. Diese Zeit fand ich in Berlin. Darüber hinaus brauchte ich aber auch ein gerüttelt Maß an Unverfrorenheit – zum exemplarischen Vorgehen und zur provisorischen Darstellung. Im *Archiv für Mediengeschichte* und im *Zürcher Jahrbuch für Wissensgeschichte* sind davon Belege zu finden.

Die Kritik, die diese riskanten Experimente provozierten, erwies sich als äußerst produktiv. Dafür habe ich zu danken – Katharina Biegger, Horst Bredekamp, Joachim Nettelbeck, Monika Wagner, Charlotte Klonk, Markus Krajewski, Barbara Maria Stafford, Hans-Jörg Rheinberger und Joseph Vogl in Berlin, Bri gitta Bernet, Michael Hampe, Michael Hagner, Valentin Gro ner, Luzius Hausammann, Erich Projer, Philipp Sarasin, D Speich, Jakob Tanner, Andrea Westermann und Lutz W in Zürich. Sie alle haben mir zugehört und provisoris gelesen, haben mit mir zusammen weitergedacht, wieder neue Hinweise gegeben und mich vor vie¹ Irrwegen gewarnt oder zusätzliche Pfade ins Ab gen. Daß ich trotzdem meine eigenen Wege gangen bin und dabei vieles unberücksichti vorauszusehen.

Mein größter Dank geht an Lea Haller und Daniela Zetti. Ohne ihre unermüdliche, kritische und emotionale Begleitung der Arbeit an diesem Essay wäre er nie geschrieben worden.

Dank

Im Sommer 2006 hatte ich das Privileg, auf Einladung Dieter Grimms ans Wissenschaftskolleg zu Berlin zurückzukehren und die Untiefen und Abgründe eines neuen Forschungsgebiets auszuloten. Mit der Geschichte der Datenbank, an der ich arbeiten wollte, konnte ich weder mit einer ganzen Batterie von Projekten noch mit einer informationstechnischen Aufrüstung zu Rande kommen. Was ich brauchen würde, war mehr Zeit, als hochschulpolitisches Engagement, Lehrverpflichtungen und Gremienarbeit übriglassen. Diese Zeit fand ich in Berlin. Darüber hinaus brauchte ich aber auch ein gerüttelt Maß an Unverfrorenheit – zum exemplarischen Vorgehen und zur provisorischen Darstellung. Im *Archiv für Mediengeschichte* und im *Zürcher Jahrbuch für Wissensgeschichte* sind davon Belege zu finden.

Die Kritik, die diese riskanten Experimente provozierten, erwies sich als äußerst produktiv. Dafür habe ich zu danken – Katharina Biegger, Horst Bredekamp, Joachim Nettelbeck, Monika Wagner, Charlotte Klonk, Markus Krajewski, Barbara Maria Stafford, Hans-Jörg Rheinberger und Joseph Vogl in Berlin, Brigitta Bernet, Michael Hampe, Michael Hagner, Valentin Groebner, Luzius Hausammann, Erich Projer, Philipp Sarasin, Daniel Speich, Jakob Tanner, Andrea Westermann und Lutz Wingert in Zürich. Sie alle haben mir zugehört und provisorische Texte gelesen, haben mit mir zusammen weitergedacht, mir immer wieder neue Hinweise gegeben und mich vor vielen möglichen Irrwegen gewarnt oder zusätzliche Pfade ins Abseits vorgeschlagen. Daß ich trotzdem meine eigenen Wege und Umwege gegangen bin und dabei vieles unberücksichtigt lassen mußte, war vorauszusehen.

Mein größter Dank geht an Lea Haller und Daniela Zetti. Ohne ihre unermüdliche, kritische und emotionale Begleitung der Arbeit an diesem Essay wäre er nie geschrieben worden.

Olaf Breidbach

Neue Wissensordnungen

Wie aus Informationen und Nachrichten
kulturelles Wissen entsteht.
edition unseld 10. 182 Seiten

Anstelle von materiellen Dingen wird heute in unserer
Gesellschaft vorwiegend Wissen produziert. Kultur als
der Zusammenhang aller möglichen Interaktionen in einer menschlichen Gesellschaft fixiert und transformiert
das historisch erwachsene Wissen, in dem sich diese Kultur etabliert. Wissen ist dabei auch nicht einfach die
Summe der einzelnen Köpfe dieser Kultur, da diese ihr
Wissen ja immer erst im Zusammenhang der Kultur, in
der sie agieren, gewinnen und fixieren können. Erst in
dieser Ordnung entsteht Wissen. Der Autor untersucht
die Bezugsrahmen, in denen Wissen entsteht. Dabei entdeckt er eine Art übergeordnete Instanz, die einzelne Daten zu bewerten erlaubt. Der Text berührt sowohl alte
philosophische Traditionen wie auch – ausgehend von
neurobiologischen Befunden – die mathematisch-techni-
schen Funktionen einer modernen Wissenschaftskultur.

Olaf Breidbach, Lehrstuhl für Geschichte der Naturwis-
senschaften, Direktor des Institutes für Geschichte der
Medizin, Naturwissenschaft und Technik.

NF 913/1/12.08

Giacomo Rizzolatti / Corrado Sinigaglia

Empathie und Spiegelneurone

Die biologische Basis des Mitgefühls
Aus dem Italienischen von Friedrich Griese
edition unseld 11. 230 Seiten

Ihre Entdeckung war eine der großen wissenschaftlichen Sensationen der letzten Jahre und gab schlagartig vielen scheinbar ausschließlich menschlichen Fähigkeiten eine biologische Basis: Spiegelneurone in unserem Gehirn spielen eine Schlüsselrolle, wenn wir uns in andere Menschen einfühlen, wenn wir ihre Gefühle und Absichten erspüren, wenn wir Mitleid empfinden. Giacomo Rizzolatti hat die Spiegelneurone vor zehn Jahren in der Großhirnrinde von Rhesusaffen entdeckt. Die Neurone haben die erstaunliche Eigenschaft, immer gleich zu reagieren, egal ob der Affe eine Handlung selber ausführt oder ob er diese Handlung bei anderen beobachtet. In diesem Buch schreibt Giacomo Rizzolatti, zusammen mit Corrado Sinigaglia, zum ersten Mal selber über die weitreichenden Konsequenzen seiner Entdeckung, über die vielen Domänen unseres Denkens, Handelns und Empfindens, in denen das Spiegel-Prinzip eine Rolle spielt.

Giacomo Rizzolatti, Professor für Physiologie an der Universität Parma. Corrado Sinigaglia, Dozent für Wissenschaftsphilosophie an der Universität Mailand.

NF 914/1/12.08

Michael Pauen / Gerhard Roth

Freiheit, Schuld und Verantwortung

Grundzüge einer naturalistischen Theorie
der Willensfreiheit
edition unseld 12. 190 Seiten

Keine wissenschaftliche Debatte ist in den letzten Jahren
mit soviel Vehemenz in der Öffentlichkeit ausgetragen
worden wie der Streit um die Willensfreiheit. In diesem
Buch entwickeln der Neurobiologe Gerhard Roth und
der Philosoph Michael Pauen gemeinsam ein neues Konzept der Willensfreiheit. Grundlage ist ein »aufgeklärter
Naturalismus«, der vorwissenschaftliche Phänomene, philosophische Begriffe und wissenschaftliche Methoden gleichermaßen ernst nimmt. Hieraus ergibt sich ein Verständnis von Freiheit, das die Fähigkeit zu selbstbestimmtem
Handeln auf der Basis eigener Wünsche und Überzeugun-
gen in den Mittelpunkt stellt. Roth und Pauen entgehen
damit den Schwierigkeiten vieler traditioneller Konzep-
tionen, erfassen das Alltagsverständnis von Willensfreiheit und werden zugleich auch den Erkenntnissen der
Neurobiologie gerecht. Ihr Konzept, so argumentieren die
Autoren, macht zudem ein wesentlich differenzierteres
Verständnis von Schuld und Verantwortung möglich, aus
dem sich weitreichende Konsequenzen für das Strafrecht
und den Strafvollzug ergeben.

Michael Pauen, Professor für Philosophie an der Hum-
boldt-Universität zu Berlin. Gerhard Roth, Professor für
Neurobiologie an der Universität Bremen.

Hans Ulrich Gumbrecht / Robert P. Harrison
Michael R. Hendrickson / Robert B. Laughlin

Geist und Materie – Was ist Leben?

Zur Aktualität von Erwin Schrödinger
Aus dem Englischen von Sabine Baumann
edition unseld 13. 150 Seiten

Erwin Schrödinger (1887-1961) gilt als einer der Väter der Quantenphysik; 1933 erhielt er zusammen mit Paul Dirac den Nobelpreis. Viele Experten sehen in ihm einen Vordenker des Bioengineering, der Entwicklung von Techniken, mit denen sich Zellen, Gewebe und Lebewesen effizient manipulieren lassen. Und Philosophen attestieren ihm eine orientierende und provozierende Wirkung auf eine neue ökologisch motivierte Philosophie der Natur. In diesem Band entfalten führende amerikanische Naturwissenschaftler und Geisteswissenschaftler das kontroverse Potential von Schrödingers Denken und belegen die anhaltende Bedeutung der Erkenntnisse eines epochalen Wissenschaftlers.

Hans Ulrich Gumbrecht, Professor für Komparatistik an der Stanford University.
Robert P. Harrison, Professor für Italienische Literatur an der Stanford University.
Michael R. Hendrickson, Professor für Pathologie am Stanford University Medical Center.
Robert B. Laughlin, Professor für Physik an der Stanford University, Nobelpreis für Physik 1998.

Oswald Egger

Diskrete Stetigkeit

Poesie und Mathematik
edition unseld 14. 160 Seiten

»Ein Mathematiker, der nicht irgendwie ein Dichter ist,
wird nie ein vollkommener Mathematiker sein« (Karl
Weierstraß, Mathematiker). Im Umkehrschluß betreibt
der Lyriker Oswald Egger Grundlagenforschung zu den
Wechselwirkungen von Mathematik und Poesie: Er be-
greift beide als verwandte Denkarten, schlägt in seinen
Miszellen »mit heiterem Ernst« den Haken vom Kinder-
spiel (Himmel-und-Hölle, Finger- und Hüpfspiele etc.)
zu Musterbildungen in Geometrie und Text.
Sprunghaft (diskret) und stetig zugleich verläuft die Geschichte der Ideen, dieses Buch macht den Weg des Denkens nachvollziehbar: vom Wunderhorn des Volkslieds
bis hin zur inneren Metrik von topologischen Räumen
der Riemannschen Geometrie. Egger scheut dabei nicht
vor komplexen mathematischen Fragen zurück, er nimmt
sie beim Wort. In der Tradition von Arno Schmidts »rezi-
proken Radien« oder Edgar Allen Poes »Eureka« behan-
delt er abstrakte Zusammenhänge anschaulich, in spre-
chenden Bildern und: mit Unterhaltungswert. Der Lyriker kommt dabei fast ohne Formeln aus und – ganz ohne
Gedichte.

Oswald Egger, lebt als freier Schriftsteller in Wien und auf
der Raketenstation Hombroich.

NF 917/1/11.08

edition unseld
Das erste Programm

Sandra Mitchell. Komplexitäten. Warum wir erst anfangen, die Welt zu verstehen. Aus dem Englischen von Sebastian Vogel. eu 1. 173 Seiten

Robert B. Laughlin. Das Verbrechen der Vernunft. Betrug an der Wissensgesellschaft. Aus dem Englischen von Michael Bischoff. eu 2. 159 Seiten

Rolf Landua. Am Rand der Dimensionen. Gespräche über die Physik am CERN. eu 3. 105 Seiten

Wolf Singer/Matthieu Ricard. Hirnforschung und Meditation. Ein Dialog. Aus dem Englischen von Susanne Warmuth und Wolf Singer. eu 4. 133 Seiten

Josef H. Reichholf. Stabile Ungleichgewichte. Die Ökologie der Zukunft. eu 5. 138 Seiten

Bernard Stiegler. Die Logik der Sorge. Verlust der Aufklärung durch Technik und Medien. Aus dem Französischen von Susanne Baghestani. eu 6. 183 Seiten

Durs Grünbein. Der cartesische Taucher. Drei Meditationen. eu 7. 143 Seiten

Dietmar Dath. Maschinenwinter – Wissen, Technik, Sozialismus. Eine Streitschrift. eu 8. 130 Seiten